MASTER LAM's *Feng*
Shui **K**
Ü
C
H
E

MASTER LAM'S *Feng*

Shui **KÜCHE**

LAM KAM CHUEN
und LAM KAI SIN

JOY
VERLAG

Gestaltung   Bridget Morley
Fotos   Sam Scott-Hunter
Umschlagfoto   Ulla Mayer-Raichle, Kempten
Umschlaggestaltung   Kuhn Grafik und Buchdesign, Zürich
Kalligraphien   Master Lam Kam Chuen
Übersetzung   Martin Rometsch, Mengen
Lektorat   Erdmute Otto, Hamburg
Satz   Tomek Twardowski, Marktoberdorf

Druck   Kyodo Printing Pte. Ltd., Singapore
Printed in Singapore

ISBN 3-928554-38-7

10 9 8 7 6 5 4 3 2 1

FENG SHUI

INHALT

EINFÜHRUNG 8

Teil vier

DIE VIER *Jahres* ZEITEN

110 – 155

EINFÜHRUNG

Sie betreten eine fremde Küche und fühlen sich sofort wie zu Hause. Sie gehen in eine andere Küche und fühlen sich sofort unwohl.

Sie spüren, daß eine Erkältung naht, und haben plötzlich Appetit auf Suppe. Sie gehen im Sommer einkaufen und stehen länger als sonst vor den Gemüseregalen.

Sie gehen mit Freunden essen, setzen sich mit ihnen an einen Tisch und fühlen sich sicher und behaglich. Am nächsten Tag essen Sie während der Mittagspause in aller Eile allein. Sie kehren an den Arbeitsplatz zurück und denken immer noch an einen Imbiß.

Wir alle haben solche Momente. Sie haben etwas mit dem Instinkt zu tun, mit der natürlichen Interaktion zwischen uns und der Umwelt. Sie sind keiner bestimmten Kultur vorbehalten, wenn auch die Art und Weise, wie wir auf diese Momente reagieren, von unserer Kultur abhängt.

Wir sind eng und tiefgreifend mit der Umwelt verbunden. Die Umwelt beeinflußt uns ständig, und wir drücken allem, was uns umgibt, unseren Stempel auf.

Die uralte chinesische Kunst des Feng Shui versucht, diese Interaktion zu verstehen. Die chinesischen Schriftzeichen dieses Ausdrucks bedeuten »Wind« und »Wasser«. Das sind die zwei wichtigsten Elemente für den Menschen. Ohne Luft sterben wir innerhalb weniger Minuten, ohne Wasser nach einigen Tagen.

Diese beiden Energien – die eine unsichtbar, die andere sichtbar – symbolisieren die zahlreichen kosmischen Kräfte. Das Studium des Feng Shui ist das Studium dieser Energien, ihrer Muster, ihrer Einflüsse und ihres Zusammenspiels. Im klassischen China war dieses Studium fast ausschließlich den Gelehrten am Kaiserhof vorbehalten, und es beeinflußte alle wichtigen Entscheidungen.

Feng Shui ist heute noch eine Kunst, deren Essenz von einem Meister an seine Schüler weitergegeben wird. Doch seit einiger Zeit spricht sein Nutzen sich herum. Dieses Buch und seine Vorgänger, *Das Feng Shui Handbuch* und *Das persönliche Feng Shui,* wollen die Tür noch weiter öffnen.

Dieses Buch möchte Menschen helfen, ihre Küche im Einklang mit den Grundsätzen des Feng Shui einzurichten und Mahlzeiten in Harmonie mit den wechselnden Energien der Jahreszeiten zu bereiten.

Kochen und Essen spielen in der chinesischen Kultur eine zentrale Rolle. Nahrung gilt als Medizin, Kochen bisweilen als Heilkunst. Das Essen steht oft im Mittelpunkt des kulturellen und spirituellen Lebens und ist der Schlüssel des gesamten gesellschaftlichen Lebens. Diese Aspekte fließen häufig zusammen, wie das Foto auf der gegenüberliegenden Seite zeigt: Die ganze Gemeinde feiert das jährliche Brötchen-Fest – mit Türmen aus über 600 Brötchen in der Mitte!

SUBTILE WEISHEIT

Eine subtile Mischung aus verschiedenen Quellen der Weisheit hat die klassische chinesische Einstellung zum Essen beeinflußt. Dazu gibt es eine Geschichte von einem Mann, der an einem wolkenlosen Sommertag in die Berge geht. Die Sonne brennt unbarmherzig auf ihn herab. Er kommt an ein kleines Haus am Wegrand und klopft. Eine alte Frau öffnet die Tür. Der Mann bittet um kühles Wasser und bleibt zögernd draußen stehen. Sie besteht darauf, daß er eintritt und sich setzt. Dabei deutet sie auf einen Stuhl an der Wand. Obwohl sie sieht, daß er es eilig hat, setzt sie Wasser auf und bereitet Tee. Als der Tee fertig ist, ist er zu heiß zum Trinken, und auf der Oberfläche schwimmen Reisschalen. Das ärgert den Gast. Er muß sitzen und warten, bis der Tee abgekühlt ist, und dann die Schalen mit den Fingern herausklauben. Ohne ein Wort des Dankes verläßt er das Haus.

Mehrere Jahre später geht er wieder den Gebirgsweg entlang, sieht das Haus der alten Frau und klopft an. »Ich bin gekommen, um dir zu danken«, sagt er. »Ich habe lange gebraucht, um zu begreifen, was für ein Glück ich hatte, als ich zu dir kam und dich um Wasser bat. Anstatt mich einen Narren zu heißen, weil ich in der brennenden Sonne wanderte, hast du mich eingelassen, mir einen Stuhl angeboten und erreicht, daß ich mich abkühlen und ausruhen konnte. Darum hast du mir den heißen Tee mit den Reisschalen gegeben. Ich war zu dumm, um deine Güte zu erkennen. Bitte verzeih mir meinen Ärger.«

Das ist eine Geschichte über Feng Shui. Der Platz, den die Frau dem Wanderer anbot, war für ihn genau der richtige: Er konnte sich an eine solide Wand lehnen. Es ist aber auch eine Geschichte über chinesische Medizin. Hätte die Alte dem überhitzten Mann kühles Wasser gereicht, wäre eine heftige und vielleicht gefährliche Reaktion in seinem Körper ausgelöst worden. Wegen der Kühle des Wassers hätte sein Organismus Wärme gespeichert, anstatt sie abzugeben. Die alte Frau hat ihren Besucher, ohne daß er es merkte, vor einem Hitzschlag gerettet. Der heiße Tee war die vorbeugende Medizin, die er brauchte. Der ganze Vorgang ermöglichte es seinem Körper, sich selbst auf ganz natürliche Weise zu harmonisieren.

DER INNERE EINDRUCK

Feng Shui respektiert unseren inneren Eindruck von der Welt. Wenn Sie mit den ersten beiden Teilen dieses Buches arbeiten, werden Sie vieles entdecken, was mit Ihren Erfahrungen übereinstimmt. In der Atmosphäre sind zum Beispiel ständig subtile Veränderungen im Gange. Sie registrieren sie und werden von ihnen beeinflußt. In manchen Räumen sind Sie gereizt, in anderen werden Sie schläfrig. Jemand mag diesen Stimmungswandel auf Ihre Persönlichkeit zurückführen; aber Sie wissen, daß Sie auf etwas sehr Reales in diesen Räumen reagieren.

Das gilt für Wohnzimmer und Besprechungszimmer, und es gilt auch für Küchen. Dieses Buch möchte Ihnen zeigen, daß wir in einem dynamischen Universum leben, in dem unaufhörlich Energie fließt. Diese Energie wird umgewandelt und verändert alle anderen Energien, mit denen sie in Berührung kommt.

Wenn Sie Essen in einer Küche zubereiten, die nicht vor schädlichen Energien geschützt ist, nehmen die Speisen negative Energie auf. In einer gesunden, harmonischen Küche enthält das Essen dagegen positive Energie. Das ist mit der Tatsache vergleichbar, daß uns Speisen aus einer sauberen Küche lieber sind als aus einer schmuddeligen.

Wenn Sie dieses Buch gelesen haben, betrachten Sie Ihre Küche vielleicht mit anderen Augen. Es kann sein, daß Ihnen einige unserer Empfehlungen nicht zusagen; aber es ist nicht zu leugnen, daß einige moderne Trends im Küchendesign gegen die Prinzipien des Feng Shui verstoßen. Einige zur Zeit populäre Designer sind beispielsweise stolz darauf, daß es in ihren Küchen nur Metallblech, Chrom und Aluminium gibt. Feng Shui bemüht sich dagegen um ein Gleichgewicht zwischen den Elementen und Materialien in der Küche. Es stört die Harmonie der Energien, wenn ein einziges Material – vor allem Metall – dominiert.

In der Welt des Feng Shui gelten Materie und Energie nicht als separate Phänomene. Wie das Beispiel des Metalls in der Küche zeigt, haben alle Elemente ihre eigene Energie. Diese Auffassung stimmt weitgehend mit den neusten Erkenntnissen der Atomphysik überein und verlangt dennoch eine Weltsicht und eine Lebensweise von uns, die den meisten gängigen Anschauungen widersprechen.

EIN LEBENDES EXPERIMENT

Feng Shui ist ein hochentwickeltes System, das wir mit Verstand anwenden müssen. In diesem Buch finden Sie eine Reihe von Grund-prinzipien, die Sie in Ihrem Haus anwenden können. Es ist aber kein »Regelwerk«. Jeder Mensch ist anders, jedes Haus ist anders, und jede Küche ist anders. Von einem Buch wie diesem profitieren Sie am meisten, wenn Sie diese Unterschiede respektieren. Vielleicht stoßen Sie auf einige Ideen, mit denen Sie gerne experimentieren würden. Probieren Sie diese Anregungen aus, und prüfen Sie, ob sie bei Ihnen zu Hause sinnvoll sind. Wenn Ihnen bei einem Vorschlag unwohl ist, vertrauen Sie Ihrem Instinkt.

In den ersten beiden Teilen des Buches erfahren Sie, wie Feng Shui die Welt sieht. TEIL EINS befaßt sich mit der klassischen chinesischen Auffassung von Energie, mit den fundamentalen Kräften, die in jedem Zeitalter in der Küche wirksam sind, und mit der Einstellung zum Essen aus diesem Blickwinkel. TEIL ZWEI erklärt, wie Sie Ihre Küche oder Kochnische im Einklang mit den Grundsätzen des Feng Shui planen und gestalten.

Die nächsten zwei Teile des Buches sind eine Einführung in die chinesische Kochkunst. TEIL DREI gibt einen Überblick über Zutaten und gesunde Zubereitung. In TEIL VIER geht es um einen der faszinierendsten Beiträge Chinas zur Weltkultur: die Ernährung entsprechend der Jahreszeit. Die Rezepte, die Sie dort finden, befriedigen unser tief verwurzeltes Bedürfnis nach Harmonie mit dem Zyklus des Wandels, dem alles auf Erden unterworfen ist.

Teil eins

DIE *Energie*

DER NAHRUNG

DIE ENERGIE DER NAHRUNG

Feng Shui ist das Studium der Energie. Die Grundsätze dieses alten Systems beruhen auf einer tiefen Einsicht in die Wirkung der Energie auf unser Leben.

Als die ersten chinesischen Naturwissenschaftler ihre Umwelt erforschten, waren sie fasziniert von den Kräften, die sie in der Natur beobachten konnten. Der älteste Ausdruck für »Feng Shui« bestand aus zwei Schriftzeichen, die »in den Himmel schauen« und »auf die Erde schauen« bedeuteten.

Sie können diesen Forschergeist begreifen, wenn Sie darüber nachdenken, was morgen sein wird. Vielleicht überlegen Sie, was Sie anziehen sollen und ob Sie einen Schirm brauchen. Sie schauen aus dem Fenster oder gehen vor die Haustür, mustern prüfend den Himmel und lassen den Blick über die Umgebung schweifen – als suchten Sie im Universum nach Hinweisen. Wir Menschen wollen wissen, was vor uns liegt, und unser Instinkt scheint uns zu sagen, daß wir alle Informationen bekommen, die wir brauchen.

Die ersten Gelehrten des alten China wollten mit Hilfe der verfügbaren Informationen gesunde Wohnungen finden und in Harmonie mit den ständig wechselnden Energiemustern in der Natur leben.

Mit der Zeit zogen sie eine ganze Reihe von Faktoren in Betracht: die Landschaft, das Baumaterial, die Farben und Texturen, aber auch unsichtbare Einflüsse wie Magnetismus, den Strom der Zeit und den allgegenwärtigen Wandel.

Dieser Versuch, das komplexe Zusammenspiel sichtbarer und unsichtbarer Kräfte zu verstehen, war der Grund dafür, daß die chinesische Kultur einen einfachen und doch tiefgründigen Beitrag zur Philosophie leistete: Yin und Yang. Dieser Beitrag ist einer der Ecksteine des Feng Shui. Weil er von so großer Bedeutung ist, gehen wir im ersten Teil des Buches darauf ein.

Sie erfahren außerdem, wie die Chinesen über die Nahrung denken. In der chinesischen Medizin wird die Nahrung häufig als »postnatales Chi« bezeichnet. Das Schriftzeichen Chi symbolisiert die fundamentale Energie des Universums, die bisweilen »Atem des Himmels« genannt wird. Bei unserer Geburt sind wir reichlich mit Chi versorgt; aber wir verbrauchen es, wenn wir wachsen, leben und arbeiten. Darum müssen wir es mit der Nahrung auffüllen. Die Chinesen haben große Achtung vor dem Essen. Sie haben die Energie der einzelnen Speisen – und die Art und Weise, wie diese Energie sich beim Kochen und Zubereiten verändert – im Laufe der Jahrhunderte sorgfältig studiert, und ihre Erkenntnisse flossen in die ganzheitliche chinesische Medizin ein.

Unsere Zeit ist von der Geschwindigkeit besessen. Daher ist es zwar traurig, aber vielleicht unvermeidlich, daß viele Menschen im Essen nur noch ein Genußmittel sehen. Fast food ohne viel Nährwert ist ein Wahrzeichen unserer Zeit. Nur auf der Grundlage der ganz anderen Auffassung, die in diesem Buch vorgestellt wird, können Sie die übrigen Ratschläge verstehen.

Der Kern des Energiemodells, das wir auf den folgenden Seiten beschreiben, ist eine sich ständig wandelnde Welt. Alles verändert sich unaufhörlich. Nichts bleibt, wie es war. Dennoch leben wir nicht in einem chaotischen Universum. Wir sehen Muster, die ständig wiederkehren, und Kräfte, die offenbar nach einem Gleichgewicht streben. Dank dieser Tendenz zum Gleichgewicht kann der Tanz der Energien, den wir »Leben« nennen, für uns eine harmonische Erfahrung werden.

VERBORGENE KRÄFTE

Das alles kommt Ihnen vielleicht sehr theoretisch vor, weit entfernt von der praktischen, nüchternen Aufgabe, eine Küche einzurichten und einen Speiseplan zu erstellen. Aber immer mehr Menschen gelangen zu der Einsicht, daß wir einen großen Fehler machen, wenn wir gedankenlos Essen zubereiten, ohne die vielen unsichtbaren, aber bedeutsamen Kräfte zu berücksichtigen, die daran beteiligt sind. Wer diese Kräfte mißachtet, schadet seiner körperlichen und geistigen Gesundheit.

Darum ruft der erste Teil des Buches die Geschichte der Küche und des Kochens wach. Wir neigen dazu, unser modernes Leben, verglichen mit dem Leben unserer Vorfahren, als großen Fortschritt zu betrachten. Aber wir müssen auch begreifen, daß wir immer noch mit den fundamentalen Kräften der Natur Kontakt haben, wenn wir kochen und essen.

Es ist wichtig, diese allgegenwärtigen Energien besser zu verstehen. Energie bewegt sich, das entspricht ihrem Wesen. Normalerweise nehmen unsere Sinne nur bestimmte Bewegungen wahr, etwa fahrende Autos auf der Straße oder Äste, die der Wind schüttelt. Der Energie, die lautlos in unserem Haus zirkuliert und die Wände in Schwingung versetzt, sind wir uns weit weniger bewußt. Viele Menschen haben auch kein Gefühl mehr für die unterschiedlichen Energien in den Nahrungsmitteln.

Deshalb ist der erste Teil dieses Buches den Bewegungen der Energie gewidmet. Obwohl wir unser Leben im wesentlichen als lineare Entwicklung von einem Tag oder einem Ereignis zum nächsten empfinden, verläuft es in Wirklichkeit meist zyklisch wie die Jahreszeiten. Das ist wichtig für das Verständnis der chinesischen Einstellung zum Essen, und daher geht es im letzten Teil des Buches um das Kochen im Einklang mit den Jahreszeiten.

ALTE RITUALE

Unter den Überresten der ältesten Kulturen finden wir auch Küchen, manche 5000 Jahre alt. Zu diesen ersten Kulturen gehören die Banpo in Nordchina. In der Nähe der alten kaiserlichen Hauptstadt Xian – heute berühmt für ihre unterirdische »Terrakotta-Armee« – hat man eines ihrer Dörfer ausgegraben. Zu den Schätzen, die Archäologen fanden, gehören unter anderem Vorratskrüge und Kochgeräte.

Aus solchen Anfängen haben sich alle kulinarischen Traditionen der späteren Kulturen entwickelt, und viele grundlegende Aspekte haben sich im Laufe der Jahrhunderte nicht verändert.

In fast jedem historischen Museum finden Sie Szenen wie die gegenüberliegende auf Bildern oder als Skulpturen in Lebensgröße. Dies ist der Vorläufer Ihrer Küche und nahezu aller anderen Küchen, einschließlich der industriell anmutenden Großküchen.

Eine Köchin benötigt normalerweise die Grundelemente, die Sie auf dem Bild gegenüber sehen: Erde, Luft, Feuer, Wasser und Metall. In dieser primitiven Umwelt ist die Erde das Fundament, auf dem sich beinahe alle Aktivitäten abspielen, auch das Kochen. Zudem ist die Erde die Quelle all dessen, was wächst und gekocht wird, und sie liefert die notwendigen Gefäße und Werkzeuge.

Das Essen wird am Ufer eines Sees zubereitet. Das Wasser wird nicht nur getrunken, sondern auch für die Zubereitung und das Erhitzen der Nahrung und nach dem Essen für die Reinigung und für das Löschen des Feuers benötigt.

Nachdem die Menschen das Feuer gezähmt hatten, benutzten sie es vor allem zum Braten und Kochen. Hier wird das Lagerfeuer im Freien mit Holz gespeist.

Obwohl wir die Luft zum Leben brauchen, halten wir sie oft für selbstverständlich. Aber kaum etwas in dieser Szene wäre ohne Luft denkbar. Ohne Luft würde alles sterben, was lebt, und es gäbe weder Feuer noch Rauch, weder Dampf noch Öl, die sich in der Atmosphäre auflösen.

Die Menschen auf diesem Bild können schon Metalle nutzen. In der Eisenzeit experimentierten sie mit Haken aus Metall und Knochen, um Fische zu fangen, mit geschärften Klingen, um Pflanzen zu ernten, und mit metallenen Töpfen, um Essen zu kochen und aufzubewahren.

DER TREND DER EVOLUTION

Entscheidungen, die das Essen betreffen – wo man es finden, lagern und zubereiten kann –, beeinflussen auch die grundlegende Frage, wo eine Familie oder ein Volk sich niederlassen soll. Hunger und Dürre waren schon immer zwei der wichtigsten Ursachen für Völkerwanderungen.

Es ist weitgehend anerkannt, daß die Landwirtschaft zahlreiche Aspekte des Lebens und der Gesellschaft jener Völker verändert hat, die sich ihre Nahrung allein durch die Jagd beschafften.

Die Menschen in verschiedenen Gebieten und Kulturen mußten sich die gleichen Fragen stellen, einerlei, ob es darum ging, wo sie leben sollten oder wie sie ihre Ernährung sicherstellen konnten. Ist ausreichend Nahrung vorhanden? Ist die Versorgung mit Wasser gesichert? Gibt es genügend Brennmaterial zum Kochen? Kann man in jeder Jahreszeit Nahrungsmittel in vernünftiger Menge lagern?

Das Kochen wirft weitere Fragen auf; denn Essen lockt Räuber an – tierische und menschliche. Wie kann man Nahrungsmittel sicher aufbewahren? Feuer und Wasser sind gefährliche Elemente. Wie kann man Häuser vor ihnen schützen?

Im Laufe der Geschichte haben die Menschen unterschiedliche Antworten auf diese Fragen gefunden. Manche gingen das Risiko ein, am selben Platz zu wohnen und zu kochen. Oft hatten sie gar keine andere Wahl. Andere wohnten in separaten Häusern und kochten gemeinsam in speziellen Gebäuden oder im Freien.

Als die chinesische Kultur sich entwickelte, bemühten sich die Menschen, jedem Raum seine eigene Funktion zuzuweisen.

Das Bild auf der folgenden Seite zeigt das Gut einer wohlhabenden Familie während der Ching-Dynastie im 19. Jahrhundert. Das Hauptgebäude ist dem Empfang von Gästen, dem Studium, dem Essen und dem Trinken vorbehalten. Für andere Aktivitäten, auch für das Kochen, gibt es mehrere kleine Gebäude.

Hinter diesem klassischen chinesischen Haus gab es einige kleine Gebäude: ein Badehaus, eine Wäscherei und eine Küche. Alle drei brauchten Wasser, das meist ein Brunnen lieferte. Da die Küche dem Hauptgebäude fern war, blieb die Familie von Feuer, Rauch, Kochdünsten und dem geschäftigen Treiben in der Küche verschont. Die Speisen wurden auf einem überdachten Weg aus der Küche ins Haus gebracht.

DER MODERNE HERD

Eine moderne Küche (siehe folgende Seite) ist scheinbar etwas ganz anderes als das offene Feuer unserer Urahnen oder die Holzfeuer und Speisekammern vergangener Zeitalter. Aber Feng Shui sieht darin die gleichen fünf Grundelemente: Erde, Luft, Wasser, Feuer und Metall.

Unsere Vorfahren lebten und kochten buchstäblich auf der Erde. Heute konstruieren wir derart viele Vorrichtungen, die uns vor Gefahren schützen sollen, daß wir die Erde zu vergessen drohen. Sie ist immer unter unseren Füßen und trägt uns. Alles, was wir zubereiten und essen, kommt von der Erde. Sie ist die Quelle aller Nahrung.

Die offenen Feuer unserer Ahnen mußten Herden, Öfen und Kaminen weichen. Anstatt mit Holz zu heizen, benutzen wir heute Strom, Gas und andere Energiequellen. Doch einerlei, welchen Brennstoff wir verwenden, die Energie des Feuers bleibt unser »Herd«. Sie ist das Herz der Küche und in mancher Hinsicht des ganzen Hauses.

In einem Raum ohne Luft können wir nicht kochen. Gute Belüftung ist für uns ebenso wichtig, wie die frische Luft im Freien es für unsere Vorfahren war. Schädliche Dämpfe und Kochgerüche müssen beseitigt werden, und da heute nicht mehr der Wind dafür sorgt, müssen wir darauf achten, daß die Küche nicht die Umwelt – das Haus – belastet.

Wasser ist zum Kochen unentbehrlich. Der nahe Fluß, See oder Dorfbrunnen wurde vom Wasserhahn abgelöst; aber auch das Wasser aus der Leitung verdient Respekt und Fürsorge.

Heutzutage gibt es kaum noch Küchen ohne Metall, denn selbst die bescheidenste Köchin braucht einen Topf und ein Messer.

DER ENERGIEKREISLAUF

Die Küche ist ein Ort der Transformation, ein Ort, an dem viele Energien sich begegnen. Alles, was wir in die Küche bringen, wird irgendwie verändert. Dieser Wandel ist Teil eines viel größeren Energiezyklus, der nicht nur die Zubereitung des Essens einschließt, sondern das ganze Leben.

In der T'ang-Dynastie (618 – 907 n. Chr.) schrieb der taoistische Meister Lü Yen, der oft »Ahne Lü« genannt wird, über die Energie, die den ganzen Kosmos durchdringt: »Im Himmel ist diese Energie Substanz und Form, Yin und Yang, die Bewegung der Sonne, des Mondes und der Sterne, die Zunahme und die Abnahme des Mondes. Sie ist in den Wolken, im Nebel und im Wasser. Sie ist im Herzen aller lebenden Wesen und läßt sie wachsen und reifen. Auf der Erde ist diese Energie Treibstoff, die Essenz alles Lebendigen, die Quelle der Flüsse in den Bergen. Sie ist die Ebbe und die Flut des Lebens; sie setzt alles in Bewegung und erhält alles, was existiert. Sie ist das Fließen der Zeit, Reife und Wachstum, Steigen und Fallen. Im Menschen ist sie Lebenskraft, Bewegung, Handeln, Sprechen und Wahrnehmen. Sie ist der Geist des Lebens, der durch den Körper strömt, das Tor zum Leben und Sterben.«

Die Auffassung, daß das Leben ein gewaltiger Energiekreislauf ist, kommt in der chinesischen Landschaftsmalerei schön zur Geltung. In dem Ausschnitt auf der folgenden Seite fängt der Maler die wirbelnde Energie in der Natur ein; aber sämtliche Elemente des Panoramas sind ausgewogen.

Den weichen, nachgiebigen Blättern (Yin) stehen die soliden Felsen (Yang) gegenüber, dem dynamischen Wasser (Yang) die friedlichen Berge (Yin). Die kühlen Haine (Yin) sind das Gegenstück der Tageshitze (Yang), das Licht auf den hohen Gipfeln (Yang) kontrastiert mit dem Schatten im tiefen Tal (Yin).

Aber der Künstler führt uns nicht nur Gegensätze vor Augen. Er stellt einen vollständigen Zyklus der Transformation vor, das Symbol des endlosen Wandels in der Natur. Auf diesem Landschaftsbild und auf vielen anderen ist das Wasser das Medium des Wandels.

Wenn das Wasser über die Felsen ins Tal stürzt, verwandelt die Wärme der Sonne es in Dampf, der aufsteigt und die Berge unserem Blick entzieht. Dieser Kreislauf wiederholt sich, wenn die Pflanzen und Blätter an den Abhängen Wasser aufnehmen und abgeben. Derselbe Zyklus wohnt auch den vier Jahreszeiten inne, die aus den Wassertröpfchen Hagelkörner, Schneeflocken und Eiskristalle machen.

Um die Welt des Feng Shui und die chinesische Kochkunst zu verstehen, müssen wir die poetische Logik der Landschaft erfassen. Wir sehen in diesem Bild Wasser, Felsen und Bäume. Doch für den Künstler und den geübten Betrachter stellt es das Universum dar. Die Pinselstriche bringen alle Grundelemente des Lebens auf die Leinwand, aber auch den tiefgreifenden Wandel, ohne den diese Elemente leblos wären.

Später werden Sie erfahren, daß die gleiche Logik auch für die Einrichtung Ihrer Küche und die Zubereitung selbst der einfachsten Mahlzeit gilt. Sie können im Einklang mit der dynamischen Harmonie der Natur leben, kochen und essen.

Die schlichten Pinselstriche eines
Meisters erwecken den Energiezyklus des fallenden Wassers und
des steigenden Nebels zum Leben.

SONNE UND REGEN

Im natürlichen Lebenszyklus gibt es Polaritäten, die so stark sind, daß wir sie meist für unterschiedliche Zustände halten. Wir planen zum Beispiel, was wir am Tag oder in der Nacht tun, anziehen oder essen.

Das Wechselspiel von Sonne und Regen hat einen ähnlich tiefgreifenden Einfluß auf unser Wesen, obwohl der Wechsel vom einen zum anderen oft unberechenbarer ist als der gleichförmige Wechsel zwischen Nacht und Tag. Dennoch haben Sonne und Regen einen erheblichen Einfluß auf den Körper und den Geist, einerlei, ob wir an lange sonnige Perioden mit nachfolgender Regenzeit oder an wechselhaftes Wetter gewöhnt sind.

Die Energie der Sonne gibt uns Kraft. Wir fühlen uns lebendiger, selbst wenn wir nicht hinaus ins Freie gehen, sondern in einem Gebäude unserer Arbeit nachgehen. Unsere inneren Organe entspannen sich und dehnen sich aus, wenn sie warm sind. Das Blut fließt schneller, und das Essen wird rascher verdaut.

Wärme macht uns expansiv, aufgeschlossener und leidenschaftlicher. Das ganze Leben kommt uns intensiver vor.

Wenn wir innerlich wärmer werden, besteht jedoch die Gefahr, daß wir uns überhitzen und austrocknen. Der Körper reagiert darauf ganz natürlich. Wir bekommen Durst und wollen etwas trinken. Wir spüren, daß wir kürzer treten und eine Pause einlegen müssen. Auch der Appetit wird davon beeinflußt. Darum unterscheidet sich unsere Ernährung im Sommer deutlich von der des Winters.

Wenn der Himmel bedeckt ist oder wenn wir uns kalt fühlen, ziehen wir uns instinktiv zusammen und lenken unsere Energie nach innen. So schützen wir uns vor unangenehmem Wetter. Wir verwerten gespeicherte Energie, um uns warm zu halten. Der Kreislauf und die Verdauung verlangsamen sich.

Schatten, Kälte und Feuchtigkeit drücken uns nieder. Wir sind weniger aufmerksam und introvertierter. Wir reden weniger und interessieren uns mehr für uns selbst als für andere. Die innere Energie scheint blockiert zu sein wie ein Fluß voller Schlamm.

Wenn Kälte und Feuchtigkeit andauern, drohen uns ernste Störungen. Die lebenswichtigen Organe, das Blut und das Gewebe leiden. Wer einen schlechten Kreislauf hat, muß mit Krankheiten wie Arthritis rechnen. Wir verspüren den natürlichen Wunsch, uns aufzuwärmen und

die klamme Kälte aus dem Körper zu vertreiben. An kalten, nassen Tagen haben wir Appetit auf warmes Essen und heiße Brühe. Wenn wir schlapp sind, gehen wir vielleicht ins Fitneßstudio und schwitzen die Feuchtigkeit aus, die in den Körper eingedrungen ist.

Chinesische Naturwissenschaftler und Ärzte haben diese natürlichen Prozesse, die zu einem Ausgleich zwischen Wärme und Kälte, Feuchtigkeit und Trockenheit führen, seit Jahrhunderten studiert. Ihre Einsichten sind die Grundlage der Medizin und haben zudem großen Einfluß auf die Einstellung zum Kochen und Essen. Das eigentliche Ziel besteht darin, die fundamentalen Vorgänge in der Natur zu verstehen und so zu leben und zu essen, daß unsere Harmonie mit der sich verändernden Umwelt nicht gestört wird.

YIN UND YANG

Eine der grundlegenden Ideen, welche die gesamte chinesische Kultur durchdringt, ist die Theorie von Yin und Yang. Sie bildet den Kern fast jedes wichtigen Beitrags, den China für die Zivilisation geleistet hat, von den ältesten Naturwissenschaften bis zur Kräuterheilkunde, von der Akupunktur bis zu den ornamentalen Gärten und der Pinseltechnik in der Malerei. Die Philosophie vom Yin und Yang ist außerdem das Fundament der chinesischen Küche, vom ausgeklügelten Staatsbankett bis zur einfachsten häuslichen Mahlzeit.

Wenn Sie Yin und Yang verstehen wollen, brauchen Sie nur aus dem Fenster zu schauen. Am frühen Morgen, wenn die ersten Sonnenstrahlen auf die Blätter der Bäume und die Mauern der Häuser fallen, empfinden Sie ein natürliches Gefühl der Wärme, der Bewegung und sogar der Erwartung. Was eben noch dunkel war, wird nun hell. Dieses Gefühl der Energie wird Yang genannt. Das chinesische Schriftzeichen für »Yang« zeigt einen Berghang im Licht der Sonne, die über den Horizont steigt. Die Pinselstriche imitieren die Sonnenstrahlen, die hinab auf die Erde fluten.

Wenn Sie am Abend aus dem Fenster schauen, liegen die Blätter im Schatten, und die Mauern glänzen nicht mehr im Licht. Was hell war, wird allmählich dunkel – aus Yang wird Yin. Das chinesische Schriftzeichen für »Yin« deutet einen Abhang an, den Wolken überschatten. Ein paar feine Striche symbolisieren Menschen, die sich unter einem Dach versammeln.

Die ersten chinesischen Naturwissenschaftler erforschten diese ganz einfachen Phänomene gründlich. Der Blick aus dem Fenster am Morgen und am Abend ist der erste Schritt zum Verständnis von Yin und Yang.

Um tiefer in das Mysterium einzudringen, müssen Sie etwas mehr Zeit opfern. Setzen Sie sich auf einem bequemen Stuhl ans Fenster, oder gehen Sie hinaus in den Garten oder in einen Park. Jede Tageszeit ist dafür geeignet, aber der frühe oder späte Morgen ist wohl am besten, weil der Lauf der Sonne und das Spiel der Schatten sich dann am leichtesten verfolgen lassen.

Suchen Sie sich ein auffälliges Merkmal der Umgebung aus: ein nahes Gebäude oder eine Gruppe von Büschen. Vielleicht finden Sie ein Objekt, das teils im Licht, teils im Schatten liegt. Ein Haus mit Vordach wirft beispielsweise einen Schatten auf den Boden. Beobachten Sie nun, was mit dem Objekt Ihrer Kontemplation geschieht.

Langsam, aber stetig bewegt sich das Licht. Auch die Schatten wandern. Die Stärke des Lichtes verändert sich, ebenso der Farbton des Schattens. In

beiden ist Energie verborgen, und dennoch sind beide verschieden. Beide haben ihre eigene Kraft, so wie Tag und Nacht. Doch obwohl wir Licht und Schatten voneinander unterscheiden, sind sie gleichzeitig unzertrennlich. Es gibt keinen Tag ohne Nacht und keine Nacht ohne Tag.

Wenn Sie dem Spiel des Lichtes und des Schattens zusehen, merken Sie, daß beide langsam ineinander übergehen. Was Yang war, wird Yin. Was jetzt Yin ist, wird bald Yang sein.

DAS NATÜRLICHE GLEICHGEWICHT

Die Energien von Yin und Yang sind ständig bemüht, einander auszugleichen. Sie sind niemals statisch, ebensowenig wie das Leben selbst. Zwischen beiden besteht ein ewiges, dynamisches Wechselspiel.

»Yin und Yang schwanken ständig zwischen Bewegung und Ruhe, Arbeit und Rast hin und her«, sagt das klassische chinesische *Buch des Gleichgewichts und der Harmonie*. »Alles hat einen Ursprung, alles entwickelt sich, wird reif und pflanzt sich fort. Dies ist der Prozeß der vier Jahreszeiten und der Zyklus des Jahres. Jeder Wandel ist Transformation.«

Wir können alles im Leben im Rahmen des Yin und Yang beschreiben. Was oben ist, ist Yang. Darum sind der Himmel, der Kopf des Menschen und die Spitze eines Gegenstandes Yang. Was unten ist, ist Yin. Also sind die Erde, die Füße und die untere Seite eines Gegenstandes Yin. Was stark und hell ist – die Sonne, Kerzenlicht, Feuer –, ist Yang. Was sanft und tief ist – der Nachthimmel, Dunkelheit, Wasser –, ist Yin. Es gibt kein Yang ohne Yin und kein Yin ohne Yang, so wie das Licht nicht ohne Dunkelheit und das obere Ende nicht ohne das untere existiert.

Yin und Yang sind jedoch nicht starr. Sie drücken eine Beziehung aus, das Wechselspiel zwischen allem, was existiert. Darum ist die Sonne Yang im Verhältnis zum Mond, dessen reflektiertes Licht Yin ist. Doch das Mondlicht, das wir am Himmel sehen, ist Yang. Der Himmel ist Yang im Verhältnis zur Erde, die unter ihm liegt. Aber die rotierende Erde ist Yang, bezogen auf den stillen Weltraum.

Die Beziehung zwischen Yin und Yang ist dynamisch. Yin verändert sich ständig zu Yang, und Yang wird unaufhörlich in Yin verwandelt. Wenn Sie morgens aufstehen, verlassen Sie den Zustand des Schlafes (Yin) und werden wach (Yang).

Im Laufe des Morgens werden Sie aktiver. Der Körper erwärmt sich und strahlt Energie aus. Dies ist die volle Kraft des Yang. Doch kurz vor dem Gipfel brauchen Sie eine Erfrischung: Das hegende, pflegende Yin wird aus der Fülle des Yang geboren. Sie trinken Tee oder nehmen einen Imbiß zu sich. Wenn Sie sich gestärkt fühlen, kehren Sie an die Arbeit zurück. Die Regeneration des Yin hat Yang hervorgebracht.

Yin und Yang befinden sich an jedem Punkt dieses ständigen Wechselspiels in Harmonie. Das ist ein subtiler Prozeß, so wie kleine Bewegungen des Gegengewichts auf der Waage das Gewicht ausbalancieren (siehe Bild gegenüber).

Die Harmonie zwischen Yin und Yang ist für die chinesische Kochkunst von grundlegender Bedeutung. Selbst die einfachste Mahlzeit hängt vom Gleichgewicht des Yin und Yang in den Zutaten ab, wenn sie unsere innere Harmonie wiederherstellen soll.

Der große taoistische Meister Lao Tse drückte diesen Gedanken so aus: »Sorge für Gleichgewicht und Harmonie und dafür, daß Himmel und Erde an ihrem Platz sind. Dann wachsen zahllose Wesen.«

*Das chinesische Symbol für Yin und Yang ist
ein Kreis, den eine symmetrische Kurve teilt.
Die eine Hälfte ist hell, die andere dunkel.
Der helle Teil symbolisiert Yang-Energie, der
dunkle Yin-Energie. Jeder Teil hat die Form
eines Tropfens: dünn am einen Ende und dick
am anderen. Sie passen vollkommen zusammen,
so daß Yin anfängt, wo Yang am kräftigsten
ist. Wenn Sie der Kurve folgen, erreicht Yin
sein Maximum, und Yang hat entsprechend
abgenommen. An jedem Punkt der Kurve sind
beide ausgewogen. In jeder der beiden Hälften
befindet sich ein kleiner Kreis, der einem
runden Samenkorn ähnelt. Er zeigt, daß Yin
aus Yang entsteht und umgekehrt.*

NAHRUNG ALS MEDIZIN

Die Redensart »Du bist, was du ißt«, enthält eine Wahrheit, die seit Jahrhunderten Teil der chinesischen Kultur ist. Wie der Mensch sich fühlt, hängt in hohem Maße vom Essen ab, auch wenn wir darüber meist nicht nachdenken. Wenn es draußen kalt ist, schmeckt uns ein Teller warme Suppe am besten. Wenn es regnet, wird viel weniger Eiscreme verkauft. Wenn wir traurig sind, essen wir gerne etwas Süßes, oder wir ziehen es vor zu fasten.

Wenn Kinder sich erkälten, bereiten Mütter oder Großmütter in vielen Ländern der Welt eine spezielle Brühe zu. Sie bezeichnen sie nicht als Medizin, aber genau das ist ihr Zweck.

Eine der ersten Anspielungen auf die Heilkraft des Essens finden wir im ältesten und einflußreichsten Buch der Medizin, *Des Gelben Kaisers Klassiker der Inneren Medizin (Huang Ti Nei Ching)*. Man nimmt an, daß das Werk vor etwa 4000 Jahren geschrieben wurde. Es hat die Form eines Dialoges zwischen dem Kaiser Huang Ti und seinem Leibarzt Ch'i Po. Der Kaiser fragt seinen Arzt nach der Ursache der Krankheiten: »Offenbar ist alles dem allgegenwärtigen Einfluß der vier Jahreszeiten und dem Wechselspiel zwischen Yin und Yang unterworfen. Können wir das Ausmaß dieses Einflusses ergründen?«

»Eine ausgezeichnete Frage!« antwortet der Arzt. Er beschreibt in allen Einzelheiten die fünf natürlichen Einflüsse: Trockenheit, Wind, Kälte, Wärme und Feuchtigkeit. Das alles, sagt er, hat eine spezifische Wirkung auf die inneren Organe und ist einem bestimmten Geschmack zugeordnet. Trockenheit beeinflußt die Lungen und wird mit scharfem Geschmack assoziiert. Wind beeinflußt die Leber und wird mit saurem Geschmack assoziiert. Kälte beeinflußt die Nieren und wird mit salzigem Geschmack assoziiert. Wärme beeinflußt das Herz und wird mit bitterem Geschmack assoziiert. Feuchtigkeit beeinflußt den Magen und wird mit süßem Geschmack assoziiert.

Der Arzt Ch'i Po erklärt dem Kaiser: »Zuviel Salz im Essen macht den Puls schwer, die Augen wässerig und die Haut krank. Wenn das Essen zu bitter ist, altert die Haut, und Körperhaare fallen aus. Ist das Essen zu scharf, versteifen die Muskeln, und die Nägel der Finger und Zehen verkümmern. Zu saures Essen verhärtet das Gewebe. Falten erscheinen, und die Lippen werden schwach. Wenn das Essen zu süß ist, schmerzen die Knochen, und das Haupthaar fällt aus. Das sind die Wirkungen der fünf Geschmäcker.«

Ch'i Po erläutert dann, wie die Geschmäcker sich gegenseitig beeinflussen und wie man sie nutzen kann, um ihre Wirkungen auszugleichen: »Saurer Geschmack ist nicht gut für die Muskeln, aber der scharfe Geschmack hebt diese Wirkung auf.« Der bittere Geschmack stärke das Herz, nähre das Blut und belebe den Magen.

Diese sorgfältige Beobachtung der natürlichen Einflüsse auf den Körper ist die Quelle der chinesischen Kochkunst. Jede Mahlzeit ist eine Arznei. Sie harmonisiert die sich ständig wandelnden Einflüsse der Jahreszeiten, des Wetters und sogar der Gefühle.

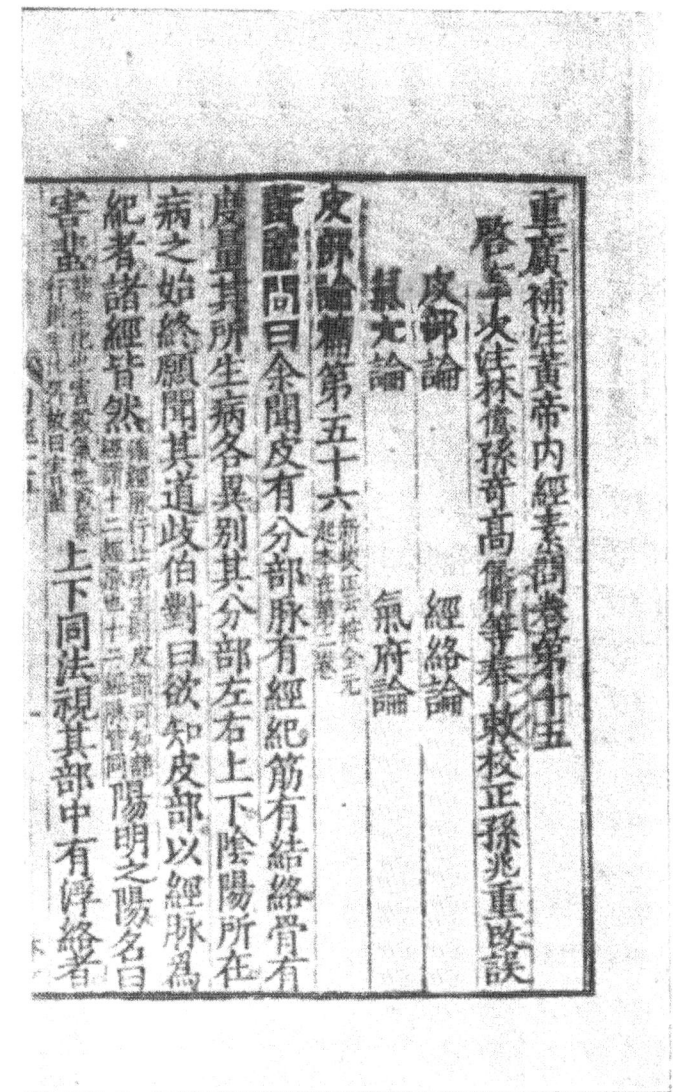

Dieser Holzschnitt (links) ist eines der wenigen Porträts von Huang Ti, dem Gelben Kaiser, dessen »Klassiker der Inneren Medizin« (oben) das Fundament der traditionellen chinesischen Medizin ist. Die chinesische Medizin ist nicht nur die älteste wissenschaftliche Überlieferung der Welt, sondern sie hat auch das umfangreichste Arzneibuch hervorgebracht, und die Zahl der Naturheilmittel ist größer als in jedem anderen medizinischen System.

HEILENDE NAHRUNGSMITTEL

Die fruchtbare Erde bietet uns eine wahre Fülle von Nahrungsmitteln an, und viele von ihnen sind unsere tägliche Medizin. Andere bewahren wir auf, bis wir die einzigartigen Eigenschaften eines bestimmten Nahrungsmittels brauchen. So verfahren nicht nur die Chinesen. Vor über 2000 Jahren schrieb Hippokrates, einer der Begründer der westlichen Medizin: »Jede Substanz im Essen hat ihre Wirkung auf den Körper und verändert ihn in irgendeiner Weise. Von diesen Veränderungen hängt unser Leben ab, einerlei, ob wir gesund oder krank sind.«

GINSENG

Ginseng beruhigt den Körper und stellt die Harmonie der inneren Organe wieder her. Seine Eigenschaften sind hauptsächlich Yin. Ginseng macht Milz und Lungen vitaler und kräftigt die Körperflüssigkeiten. Man verwendet ihn häufig, um bei überhitzten Menschen das innere Gleichgewicht wiederherzustellen. Äußere Symptome der Überhitzung sind Trockenheit in der Nase, im Mund und im Rachen.

ZWIEBEL

Die Zwiebel hat sowohl Yin- als auch Yang-Kräfte. Sie gibt uns innere Energie, hat eine günstige Wirkung auf die Lungen, befreit verstopfte Atemwege und lindert Spasmen bei Bronchitis. Sie ist ein natürliches Antibiotikum und wird oft empfohlen, um die Gefahr einer Herzkrankheit oder eines Schlaganfalls zu verringern.

INGWER

Die chinesische Kräuterheilkunde schätzt den Ingwer wegen seiner Yang-Qualitäten. Alter, getrockneter Ingwer ist besonders begehrt und ergänzt die Wirkung von Ginseng, Zwiebel und Knoblauch. Ingwer fördert die Verdauung, verhindert Übelkeit und lindert Magenverstimmungen. Er regt den Kreislauf an und löst Schleim. Eine neuere europäische Studie bestätigt, daß Ingwer ohne schädliche Nebenwirkungen Rheuma und Arthritis lindert und Schwellungen in den Gelenken verringert.

KNOBLAUCH

Der Knoblauch ist ein Vetter der Zwiebel
und ein Yang-Gemüse. Seine starke antibio-
tische Wirkung wird oft bei Infektionen
genutzt. Er kräftigt das Herz, fördert den
Kreislauf und senkt hohen Blutdruck. Diabe-
tiker essen ihn, weil er den Blutzuckerspie-
gel senkt. Studien in China belegen, daß
Menschen, die reichlich Knoblauch verzehren, nur halb so oft an Magenkrebs erkranken wie die Verächter dieser Knolle.

MÖHRE

Das Carotin in der Möhre ist ein Antioxidans.
Studien belegen, daß Menschen, die viel
Carotin zu sich nehmen, seltener an Herz-
beschwerden, Schlaganfällen, Star und einigen Krebsformen erkranken. Die Möhre ist
ein nahrhaftes Yin-Gemüse, das auch die
Wirkung von Giften im Essen schwächt.

SPINAT

Es ist kein Wunder, daß Popeye Spinat ver-
schlang, um seine Yang-Kräfte zu steigern.
Diese Pflanze enthält Vitamin A und C
sowie Kalium. Das Kalium beugt hohem
Blutdruck vor und senkt ihn. Studien deuten
darauf hin, daß Menschen, die viel Blatt-
gemüse essen, seltener an Krebs erkranken.
Auch Herzkrankheiten und Schlaganfälle
kommen bei ihnen seltener vor.

Teil zwei

DIE
Grundlagen
DES **FENG SHUI**

DIE GRUNDLAGEN DES FENG SHUI

Ihre Küche ist ein Ort der Kraft. In den meisten Häusern enthält die Küche mehr Energieformen als alle anderen Räume. Einerlei, wie einfach oder modern Ihre Küche ist, Sie sind auf alle fünf elementaren Energien angewiesen, wenn Sie Essen zubereiten. Sie brauchen Erde, Metall, Wasser, Holz und Feuer in mindestens einer ihrer Manifestationen. Alle diese Energien sind in fast jeder Küche vorhanden.

Aber Ihre Küche birgt nicht nur das volle Energiespektrum in sich, sondern die Energie ist meist viel stärker als in anderen Räumen des Hauses. Die elektrische Ausstattung und Geräte, die Wärme erzeugen, strahlen beispielsweise eine besonders »explosive« Energie aus. Auch in modernen Häusern – selbst wenn sie mit allerlei elektronischem Firlefanz gefüllt sind – stehen jene Geräte, die am meisten Strom verbrauchen und die höchsten Temperaturen erzeugen, meist in der Küche.

Selbst wenn Sie sämtliche Lampen im Wohn- oder Arbeitszimmer, ihre Stereoanlage, den Fernseher und den Computer einschalten und dabei ein heißes Bad nehmen, verbrauchen sie wahrscheinlich weniger Energie, als wenn Sie die Technik in Ihrer Küche nutzen.

Andere Energieformen – Holz, Wasser, Metall und Erde – sind in Ihrer Küche ebenfalls reichlich vorhanden. Normalerweise betrachten wir sie allerdings nicht als Energie, sondern als Materie. Der Kessel besteht aus solidem Metall, und das Wasser darin ist flüssige Materie. Nur wenn wir den elektrischen Strom einschalten, um das Wasser zu kochen, kommen wir auf den Gedanken, daß hier Energie im Spiel ist.

Aber die erste Lektion des Feng Shui lautet: Unsere ganze Welt ist Energie. Was wir für solides Metall oder flüssiges Wasser halten, ist ebenso Energie wie die Elektrizität, die den Kessel erhitzt und das Wasser zum Sieden bringt. Verschiedene Energiemuster haben unterschiedliche Wirkungen und beeinflussen einander in mancherlei Weise. Wir wissen beispielsweise, daß die Molekularstruktur des Metalls relativ dicht ist. Darum ist es sehr stark und kann andere, weniger dichte molekulare Strukturen, etwa Holz, durchdringen. Aber stark vibrierende Energie, zum Beispiel Wärme, erhöht auch die Schwingungsrate der Metallmoleküle. Die Folge ist, daß das Metall heiß und formbar oder gar flüssig wird.

Das alles ist nicht neu und für Wissenschaftler nicht überraschend. Erstaunlich ist nur, daß die Vorstellung von der Welt als tanzender Energie schon vor vielen Jahrhunderten im alten China entwickelt wurde, und zwar durch geduldige und äußerst genaue Beobachtung der Natur. Dies ist die Basis des Feng Shui, und sie ist auch im 21. Jahrhundert noch gültig.

Als die ersten Feng-Shui-Meister die Energie studierten, erkannten sie, daß die verschiedenen Energiemuster in unserer Umwelt auch unser eigenes Energiefeld und damit den Körper und den Geist tiefgreifend beeinflussen können. Der Körper reagiert beispielsweise im Sommer anders als im Winter, und unsere Gedanken und Gefühle werden von wechselnden Farben, Geräuschen und Düften beeinflußt. Verschiedene Energiemuster können sich gegenseitig stören, und das wirkt sich negativ auf unser Nervensystem und unsere Konzentration aus.

Wenn Sie in einer derartigen Störzone Mahlzeiten zubereiten, wird die chaotische Energie vom Essen und somit auch von Ihrem Körper aufgenommen. Das Essen ist dann nicht mehr nahrhaft, sondern es leitet negative Energie in den Organismus.

Die klassischen Feng-Shui-Meister haben das verstanden. Sie versuchten, Wohnungen so zu gestalten, daß sie zu einem sicheren Hafen inmitten der vielen Energien in der Umgebung wurden. Wenn Sie Ihre Küche im Einklang mit Feng Shui planen und einrichten, sorgen Sie also für ein ausgeglichenes Energiefeld. Es genügt aber keineswegs, sich an einen Innenarchitekten zu wenden.

In manchen Ländern ist es beispielsweise Mode, alle Arbeitsflächen und Wände der Küche mit Metall zu verkleiden. Das führt zu einer überwältigenden Dominanz der Metall-Energie, während die anderen Energien viel zu schwach sind. Anders sieht es in Großküchen aus, deren Energiemuster sich von privaten Küchen erheblich unterscheidet. In einer normalen Küche löst dieses Ungleichgewicht ein subtiles Unbehagen aus, das nicht nur den Nerven der Köchin oder des Kochs schadet, sondern auch dem Essen.

Wichtig ist aber nicht nur ein harmonisches Energiegemisch in der Küche, sondern auch eine günstige, geschützte Lage des Raumes. Ein Feng-Shui-Meister geht zunächst vom Energiefeld des Hauses und von der Position der Küche in diesem Feld aus. So gesehen ist Ihre Küche ein Energiewirbel, der vom größeren Energiestrom beeinflußt wird, aber auch ihn beeinflußt. Mehr dazu erfahren Sie auf den Seiten 38 – 41.

Wir können die typischen Energiemuster und ihre Wirkung auf den Menschen verstehen, wenn wir Vernunft walten lassen und das tägliche Leben beobachten. Flammen lodern nach oben; sie wärmen und erregen uns. Wasser sucht den tiefsten Punkt; es kühlt und beruhigt. Zwei Systeme, die Ihnen helfen, die Energien in Ihrer Küche zu analysieren – die »Fünf Tiere« und die »Fünf Energien« –, lernen Sie auf den Seiten 42 – 51 kennen.

Auf den Seiten 52 – 69 erläutern wir im Detail, wie Sie diese Grundsätze auf fast alle Aspekte der Küche anwenden können.

Der beste Rat lautet: Bereiten Sie Essen in einem separaten Raum zu. Natürlich kann sich nicht jeder diesen Luxus leisten; aber Feng-Shui-Prinzipien gelten auch für Einzimmerwohnungen oder Apartments ohne Zwischenwände (siehe Seite 70 – 71).

DAS ENERGIEFELD

Ihr Haus ist ein Energiefeld. Unter einem riesigen Vergrößerungsglas könnten Sie es faszinierend klar in seiner Ganzheit sehen. Unter einem gewöhnlichen Mikroskop wäre nichts mehr solide: Sie würden die winzigen Teilchen sehen, aus denen feste Materie besteht.

Unter dem stärksten Elektronenmikroskop würde Ihr Haus sich auflösen. Sie könnten die Spuren subatomarer Teilchen sehen, und das Haus als Ganzes wäre ein Wirbel aus Signalen, die ein Wellenmuster im Raum bilden.

Die Naturwissenschaftler im alten China stellten die ersten Grundsätze des Feng Shui auf, nachdem sie die Welt als Gespinst aus einander durchdringenden Energien durchschaut hatten.

Das wichtigste Prinzip lautet: Energie bewegt sich. Normalerweise nehmen wir mit den Sinnesorganen vor allem grobe Bewegungen wahr – den Straßenverkehr oder den kühlen Wind auf der Haut. Der subtilen Bewegungen der unsichtbaren Energie in einem offenen Raum oder der vibrierenden Energiemuster in den Wänden und Möbeln sind wir uns kaum bewußt.

Subtile Energieströme bilden sich unaufhörlich und weben sich als unsichtbare Muster durch den Raum. Energie neigt von Natur aus dazu, sich in Kurven zu bewegen, manchmal als einzelne Welle, ein andermal in Form von kraftvollen Wirbeln.

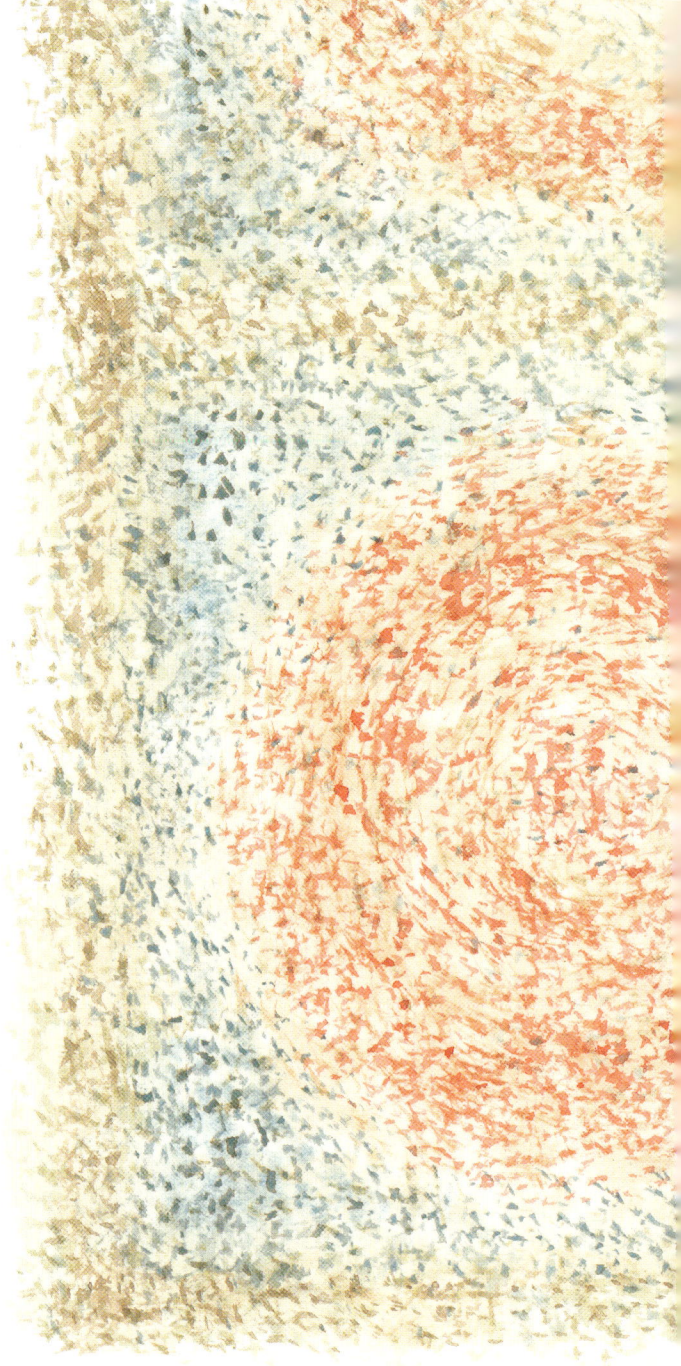

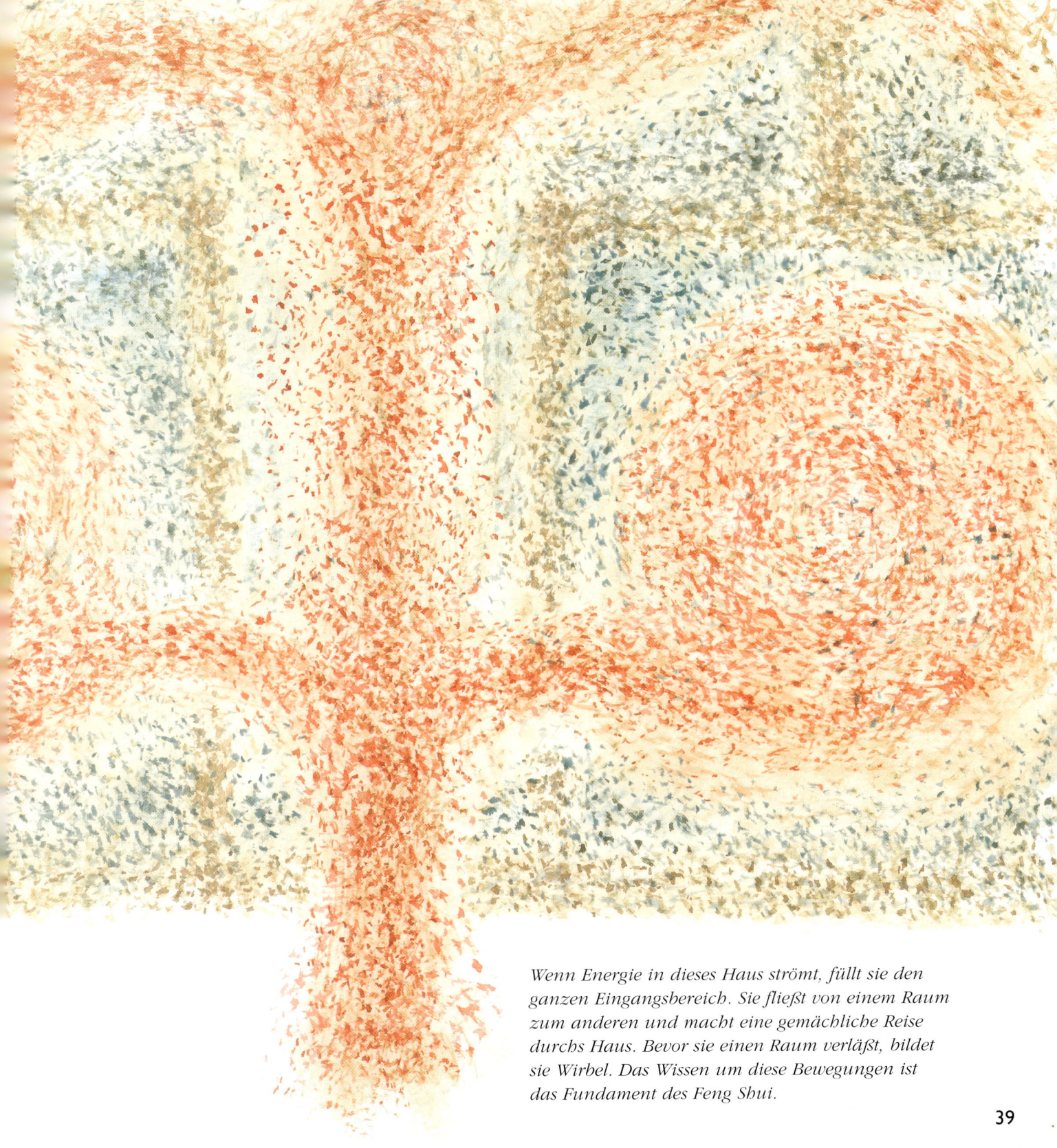

Wenn Energie in dieses Haus strömt, füllt sie den
ganzen Eingangsbereich. Sie fließt von einem Raum
zum anderen und macht eine gemächliche Reise
durchs Haus. Bevor sie einen Raum verläßt, bildet
sie Wirbel. Das Wissen um diese Bewegungen ist
das Fundament des Feng Shui.

DIE LAGE DER KÜCHE

Die Lage der Küche innerhalb des Energiefeldes in Ihrem Haus ist äußerst wichtig. Wenn möglich, sollte die Küche vor potentiell schädlicher Energie geschützt sein, etwa vor Energie, die durch die Haustür fließt (siehe folgende Seite). Die Wärme des Herdes und die Kochdünste in der Luft dürfen den Rest des Hauses nicht verunreinigen. Darum sollte die Küche sich nicht zum Wohn- oder Schlafzimmer hin öffnen. Wenn sich das nicht vermeiden läßt, halten Sie die Küchentür geschlossen, vor allem beim Kochen.

Im Energiefeld dieses Hauses ist eine direkte Strömung zwischen Küche und Bad/WC erkennbar. Dieser Strom bewirkt, daß die Energien der beiden Räume sich vermischen. Da der Zweck dieser Räume jedoch völlig unterschiedlich ist, vertragen sich ihre Energien nicht. Sie sollten diese Räume unbedingt trennen. Die negative Wirkung ihrer Lage im unten skizzierten Haus läßt sich erheblich verringern, wenn die Türen geschlossen bleiben.

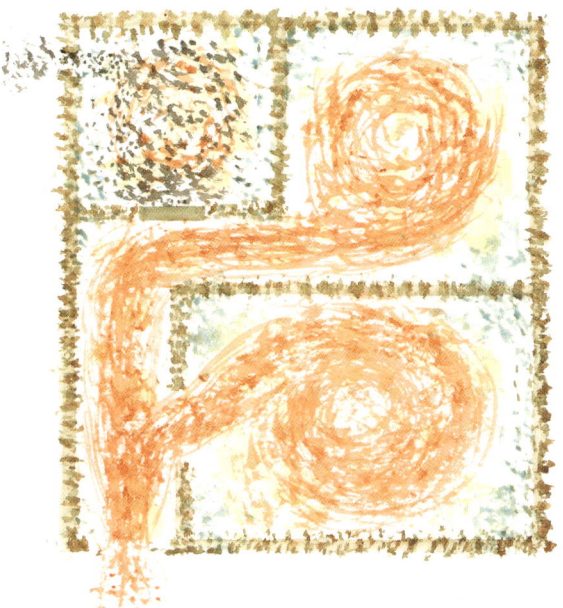

Die Energie, die in dieses Haus (oben) strömt, dringt nicht in die Küche oben links, weil deren Tür geschlossen ist. Dadurch wird auch verhindert, daß Gerüche und ölige Dämpfe sich an den Wänden und Oberflächen des restlichen Hauses ablagern.

Die Küche an der Nordseite dieses Hauses (rechts) ist schädlichen Energien, die durch die offene Haustür eindringen, schutzlos ausgeliefert. Diesem Mangel können Sie abhelfen, wenn Sie zwischen Küche und Haustür eine Tür oder Trennwand einbauen oder die Hintertür schließen, vor allem wenn die vordere Tür offen ist.

DIE KÜCHENLANDSCHAFT

Ihre Küche ist eine Landschaft. Welche Energie Sie beim Kochen beeinflußt, hängt davon ab, wie Sie diese Landschaft gestalten und wo Ihr Platz darin ist. Ein Grundriß nach den Prinzipien des Feng Shui hilft Ihnen, die Landschaft Ihrer Küche besser zu planen.

Die wichtigsten Elemente der Landschaft sehen Sie auf der gegenüberliegenden Seite. Stellen Sie sich vor, Sie stehen in der Mitte des gelben Quadrats mit dem Rücken zum großen, runden Hügel. Die hohen Gipfel befinden sich links von Ihnen. Rechts sind die niedrigen, bewaldeten Hänge. Vorne befindet sich ein weiter, offener Raum.

Die fünf symbolischen Tiere, die dieser Landschaft entsprechen, sind auf dieser Seite dargestellt. Den zentralen Raum der Landschaft symbolisiert eine weise Schlange, die nach vorne blickt. Die Gipfel zur Linken stellt ein Drache dar. Rechts, zwischen den Hügeln, finden wir den Tiger. Die Schildkröte ist das Symbol des Berges im Hintergrund. Der offene Raum vorne ist das Reich des mystischen fliegenden Phönix.

Im klassischen China wurden diese Tiere den Jahreszeiten, Elementen und Farben zugeordnet. Die Schildkröte gehört zum Winter und zum Element Wasser; ihre traditionelle Farbe ist Blau oder Schwarz. Die Jahreszeit des Drachens ist der Frühling, sein Element das Holz, seine Farbe Grün. Der Phönix ist Sommer und Feuer; seine Farbe ist Rot. Der Tiger gehört zum Herbst und zum Metall; ihm sind die Farben Weiß und Gold zugeordnet. Die Schlange in der Mitte symbolisiert den Drehpunkt der Jahreszeiten und die Erde; sie trägt die gelbbraunen Farbtöne des Bodens.

In diesen fünf symbolischen Tieren steckt eine innere Logik. Die Schildkröte mit ihrem starken Panzer ist stabil und sicher. Sie schützt das Zentrum vor Störungen von hinten.

Der Drache zur Linken schwebt hoch oben zwischen den Wolken und nimmt mühelos Informationen von der unter ihm ausgebreiteten Welt auf.

Der Phönix fliegt weit vorne und ist das Sinnbild der Sehkraft, der Erregung und der Inspiration.

Der Tiger läßt an körperliche Kraft und Gewalt denken. Seine enorme Energie ist nützlich und gefährlich zugleich. Er ist immer bereit anzugreifen und muß sorgfältig in Schach gehalten werden. Hier läßt seine niedrige Position rechts in der Landschaft auf gezügelte Energie schließen.

Die Schlange in der Mitte wird von den vier anderen Tieren abgeschirmt. Sie ist die Gebieterin aller Kräfte – beschützt, gut informiert, vorausschauend, mächtig und bereit zum Handeln.

DIE TIERE DER KÜCHE

Mit Hilfe der Fünf Tiere können Sie Ihre Küche so gestalten, daß sie zu einer harmonischen Umwelt für Ihre Kochkünste wird.

Zeichnen Sie einen Grundriß Ihrer Küche, oder stellen Sie sich so hin, daß Sie dem Herd zugewandt sind. Jetzt sind Sie die Schlange im Zentrum der Landschaft. Aus dieser Position können Sie die Küche einrichten und alle Geräte und Möbel so aufstellen, daß sie den Positionen der Fünf Tiere entsprechen. Prüfen Sie einmal, ob Ihre jetzige Küche den Fünf Tieren ein gutes Zuhause bietet.

Hinter Ihnen steht die Schildkröte. Dort brauchen Sie Sicherheit. Wenn Sie sich ganz aufs Kochen konzentrieren, wollen Sie sich keine Gedanken über Störungen oder Angriffe von hinten machen.

Rechts lauert der Tiger. Dies ist die Region der Hügel, deren intensive und unberechenbare Energie wie eine Wildkatze gezähmt werden muß.

Der gesunde Menschenverstand ist wichtig. In dieser sehr schmalen Küche steht der Herd gleich neben der Tür – an der Phönix-Wand. Leider prallt jeder, der die Küche betritt, mit der Köchin zusammen.

Hier geht Sicherheit vor. Es ist besser, den Herd dort aufzustellen, wo die Köchin und andere Leute weniger gefährdet sind. Hier steht er an der Tiger-Wand. Der Vorratsschrank steht in beiden Küchen richtig: an der Drachen-Wand.

Links von Ihnen ist der Drache.
Das ist ein guter Platz für
hohe Schränke oder große
Kühlschränke und Gefrier-
truhen, deren relativ ruhige
Energie knapp über Ihrem
Kopf schwebt – wie ein
Drache, der sich auf einer
Wolke räkelt.

Sie sind die Schlange – weise, kreativ
und intelligent. Sie schauen nach vorne
zum Herd, dem modernen Gegenstück
des Kamins. Die Wand hinter dem Herd
ist der Phönix mit der roten Haube, der
Vogel der ewigen Inspiration. Wenn
möglich, sollte der Haupteingang der
Küche sich in dieser Wand befinden.

45

DIE EINRICHTUNG DER KÜCHE

Ein Grundprinzip des Feng Shui verlangt, daß die verschiedenen Funktionen im Haus klar voneinander abgegrenzt sind. Auf den ersten Blick ist es schwer zu sagen, worauf im unteren Bild der Blick fällt. Mit dem Sofa und dem Kamin sieht es teilweise wie ein Wohnzimmer aus. Ein anderer Teil dient als Eßbereich, der Rest ist eindeutig eine Küche. Einerlei, was Sie in dieser „Vielzweckküche" tun, Sie werden immer gestört. Sogar die Kochdünste und der Rauch des offenen Feuers vermischen sich.

Die beiden kleineren Fotos zeigen ein besseres Design. Wenn der Küchenbereich klar abgegrenzt ist, können Sie einen kleinen Tisch für Zwischenmahlzeiten hineinstellen. Auf dem Foto oben links hat der Tisch seinen eigenen Raum in der Küche. Die Dunstabzugshaube verringert unerwünschte Gerüche und Schmutzablagerungen beträchtlich.

Das Foto oben rechts zeigt eine besonders harmonische Küche mit harmonischen Elementen. Natürliches Licht vom Fenster erhellt den Spültisch.

DIE FÜNF ENERGIEN

Nahrung ist Energie. Während sie heranwächst und ihre Form verändert, durchläuft sie einen Zyklus der Transformation. Jede Phase entspricht einem der fundamentalen Energiemuster, die die Chinesen »Die Fünf Energien« nennen.

Diese Fünf Energien tragen die Namen der fünf natürlichen Elemente: Feuer, Erde, Metall, Wasser und Holz.

Feuer schießt nach oben. Seine Energie strahlt wie die Sonne. Erd-Energie bewegt sich horizontal und kreisförmig, so wie der Planet sich um seine Achse dreht und dabei Stabilität und Gleichgewicht erzeugt. Metall-Energie fließt nach innen und wird dabei immer stärker. Wasser-Energie sinkt; sie symbolisiert den Punkt der maximalen Ruhe und Konzentration. Sie ist wie der Neumond, dunkel und bereit zu gebären.

Holz steht für expandierende Energie, die in die Breite wächst wie ein Baum.

Das System der Fünf Energien hilft uns, jene fundamentalen Vorgänge in der Natur zu verstehen, die gemeinsam eine vollkommen harmonische Welt hervorbringen. Die Kunst, richtig zu essen, führt uns die Energiemuster vor Augen, die entstehen, wenn Nahrung angebaut, transportiert, zubereitet und verzehrt wird. Wenn wir dieses System verstehen, erkennen wir, daß selbst die einfachsten Tätigkeiten – zum Beispiel das Waschen und Raspeln des Gemüses – Teil eines viel größeren Energiekreislaufs sind. Wenn wir diesen Zyklus und all die kleinen Details, die er umfaßt, respektieren, können die Folgen wunderbar sein. Wird die Energie in irgendeiner Phase des Zyklus gestört, müssen wir darunter leiden.

METALL-ENERGIE

Dies ist die Phase des Zubereitens. Fast alles, was wir essen, wird vor dem Essen gesäubert, zermalmt, geknetet, gehackt oder in Scheiben geschnitten. Manchmal wird es dabei unkenntlich.

ERD-ENERGIE

Alles, was wir essen, wächst aus dem Boden der Erde oder ernährt sich von ihren Früchten.

WASSER-ENERGIE

Wasser ist Transport-Energie. Einerlei, wohin es fließt, es nimmt alles mit.

HOLZ-ENERGIE

Holz-Energie expandiert. In dieser Endphase drängt die nahrhafte Energie des Essens buchstäblich nach außen, hinein in die Menschen, die sie verzehren. Im Körper wird sie in Lebenskraft transformiert.

FEUER-ENERGIE

In dieser Phase verändert die Nahrung sich noch tiefgreifender. Dies ist der Ritus der Reinigung. Alte Unreinheiten werden verbrannt, und neue, starke Energie kommt hinzu.

Diese Sequenz zeigt, wie Nahrung transformiert wird. Sie wächst in der Natur und wird vom Bauernhof frisch auf den Markt gebracht und zu Hause von Hand und mit einfachem Werkzeug zubereitet. Beim Kochen bleiben die lebenswichtigen Nährstoffe erhalten, und die Energie nimmt zu. Gegessen wird in einer harmonischen Umgebung.

Diese Art des Umgangs mit der Nahrung wird zwar noch in vielen Haushalten der Welt gepflegt, aber sie ist nicht mehr die Regel. Anbau, Ernte, Vermarktung, Zubereitung und Konsum werden heute von anderen Faktoren bestimmt. Tiere und Gemüse wachsen in einer unnatürlichen Umwelt. Die Produkte werden tiefgefroren und über weite Strecken transportiert – von einer Jahreszeit in eine andere.

Dann werden sie neu verpackt, mit Chemikalien versetzt, vorgekocht und auf andere Weise verändert. Dabei gehen wertvolle Nährstoffe verloren. Eilige Hausfrauen bevorzugen schnelle, aber falsche Kochmethoden, und die gestreßte Familie schlingt das Essen hastig hinunter.

ENERGIEN IN DER KÜCHE

Küchen faszinieren uns, weil ihre Energie uns anzieht. Alle Fünf Energien – Feuer, Metall, Erde, Wasser und Holz – sind selbst in der bescheidensten Küche vorhanden.

Mit jeder dieser Energien sind bestimmte Qualitäten oder Schwingungen verbunden, mit denen wir jeden Tag zu tun haben: Farben, Gerüche und Geschmäcker. Auch unsere Nahrung enthält diese Energien.

In der chinesischen Kultur werden auch die Jahreszeiten, die Zahlen und die Himmelsrichtungen mit Hilfe der Fünf Energien gedeutet. Die traditionelle chinesische Medizin ordnet jede der zwölf wichtigsten Energiebahnen oder Meridiane des Körpers und die damit korrespondierenden inneren Organe einer der Fünf Energien zu. Entsprechungen zwischen den Energiemustern der Nahrung und der Kräuter werden genutzt, um Disharmonien der Körperenergien zu beheben.

Die Schwingungen der Fünf Energien stehen in einer zyklischen Wechselbeziehung. Zu den Vorgängen in der Natur gehören auch Energiemuster, die unaufhörlich steigen, sich ausdehnen, schrumpfen und fallen. Wenn die Richtung der Energie sich ändert, gibt es Übergangsphasen. Diese konstante Kraft des Übergangs ist die horizontale Rotationsenergie der Erde.

HOLZ

Die meisten traditionellen Küchen haben viel Holz-Energie. Viele Küchenmöbel, Arbeitsflächen und Schränke sind aus Holz gefertigt, und selbst wenn ihre Funktion die der unterstützenden Erd-Energie ist, haben sie zugleich die Qualitäten des Holzes. Auch einigen Nüssen, z. B. Hasel- und Walnüssen, werden die wesentlichen Eigenschaften der Holz-Energie zugeschrieben.

WASSER

Wasser nimmt in der Küche mehrere Formen an. Nicht nur das Leitungswasser, der Spültisch und die Waschmaschine, sondern auch andere Flüssigkeiten in der Küche besitzen Wasser-Energie. Das gilt auch für Getränke in Flaschen, einschließlich Alkohol. Die Energie saftiger Früchte ist der des Wassers am ähnlichsten.

METALL

Metall-Energie in der Küche finden wir in Form von Stahl, Kupfer, Aluminium, Silber und anderen Metallen. Ohne Metall-Energie hätten wir Schwierigkeiten, zu schneiden, zu raspeln, zu mixen und zu mahlen. Spinat ist eine klassische Quelle von Metall-Energie.

FEUER

Auch wenn Sie nicht mit Gas kochen, gibt es Feuer in Ihrer Küche. Elektrizität ist Feuer-Energie. Darum strahlen alle elektrischen Geräte diese Energie aus, unabhängig von ihrer Funktion. Die Feuer-Energie ist in der modernen Küche viel stärker als in der Küche der Vergangenheit. Zur Ausstattung gehören heute ein Elektroherd, ein Kühlschrank, eine Gefriertruhe, Glühbirnen, Geschirrspüler und fast alle anderen Geräte. Von den Nahrungs-mitteln haben rote Chillies die meiste Feuer-Energie.

ERDE

Die Küche selbst ist die Erd-Energie Ihres Hauses. In ihr wird die Nahrung aufbewahrt und zubereitet, und sie versorgt alle Mitglieder der Familie; aber sie absor-biert auch die Schwingungen zahlloser Aktivitäten. In der Küche gelten der Tisch, die Arbeitsflächen und Hackbretter als Manifestationen der Erd-Energie, einerlei, aus welchem Material sie bestehen. Glas, das aus Sand hergestellt wird, strahlt diese Energie ebenso aus wie Keramik, Fliesen und Tongeschirr. Reis und Gemüse sind die wichtigsten Nahrungsmittel, die Erd-Energie enthalten.

51

DAS EPIZENTRUM

Das Zentrum Ihrer Küche ist der Herd, auf dem Sie Ihr Essen kochen. Er ist der Ausgangspunkt, wenn Sie die Küche einrichten. Im Feng Shui wird dieser Punkt so respektvoll behandelt wie der traditionelle Ofen oder Kamin. Er gilt oft als Mittelpunkt des ganzen Hauses.

Die topographische Zeichnung wird Sie an die Küchenlandschaft (Seite 42 – 43) erinnern. Die Tiere sind nach ihrer symbolischen Bedeutung den wichtigsten Merkmalen der Landschaft zugeordnet: die Schildkröte hinten, der Drache oben links, der Tiger ganz unten rechts und der Phönix vorne in der Luft.

Es gibt jedoch einen wichtigen Unterschied, der viel über die Feng-Shui-Küche aussagt. Die Schlange in der Mitte blickt nicht mehr zum Phönix. Sie hat sich umgedreht und schaut in die andere Richtung. Das liegt daran, daß sich nun der Herd im Zentrum der Landschaft befindet und somit der Bezugspunkt für alles andere ist.

Wenn wir die verschiedenen Aspekte der Küche genauer besprechen, erfahren Sie, daß der Herd eine solide Wand (die Schildkröte) hinter sich und freien Raum vor sich braucht. Der freie Raum ist der Phönix; dort arbeiten Sie, die Köchin. Hohe Vorratsschränke oder andere hohe Gegenstände passen auf die linke Seite (Drache) des Herdes. Rechts (Tiger) stellen Sie am besten kleine Objekte hin, etwa einen niedrigen Kühlschrank.

Mit Hilfe dieses Plans können Sie alle
Möbel und Geräte in Ihrer Küche richtig
aufstellen. Danach sind Sie immer noch
die weise Schlange und brauchen eine
starke Schildkröte hinter sich. Später erfahren Sie, wie der Raum hinter Ihnen und
die Türen Sie optimal unterstützen.

53

TÜREN UND FENSTER

Ihre Küche ist empfindsam. In vielen Häusern enthält kein anderer Raum so viele Geräte, so viele Energiequellen und so viele Gefahren. Damit Sie sicher arbeiten können, brauchen Sie eine stabile Umgebung. Die Position der Türen und Fenster und der Grundriß spielen dabei eine wichtige Rolle. Wenn Fenster und Türen am richtigen Platz sind, gedeihen Ihr Heim, Ihr Essen, Ihre Gesundheit und Ihre Familie. Die Beispiele auf diesen Seiten helfen Ihnen, einige der häufigsten Fehler zu vermeiden.

Wenn die Küchentür sich unmittelbar hinter Ihnen befindet, während Sie am Herd stehen, ist Ihr Rücken ungeschützt – die Schildkröte fehlt. Selbst wenn Sie allein sind, reagiert Ihr Nervensystem darauf, daß Ihr Rücken „entblößt" ist. Diese unbewußte Spannung löst Unbehagen aus, wenn Sie sich eigentlich auf Ihre Arbeit konzentrieren sollten. Wenn Sie den Herd nicht umstellen können, sollten Sie unbedingt die Tür schließen, bevor Sie anfangen zu kochen.

Es ist am besten, wenn die Küchentür nach außen aufgeht. Dann schützt sie denjenigen, der heiße Schüsseln aus der Küche zum Eßtisch trägt. So können Sie Verbrennungen und Verbrühungen vorbeugen, die Ihnen drohen, wenn jemand mit Ihnen zusammenprallt, während Sie das Essen auftragen.

Wenn Ihre Küche zwei Türen hat, die einander gegenüberliegen, und beide Türen geöffnet sind, entsteht ein heftiger Energiestrom. Es ist am besten, beide Türen zu schließen, vor allem beim Kochen. Falls Sie lüften müssen und keine Abzugshaube haben, sollten Sie eine Tür und das Fenster öffnen. Die Energie in der Küche fließt dann im Kreis und regt an, statt zu stören (unten rechts).

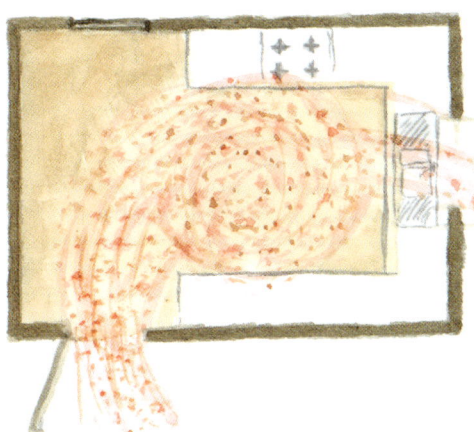

55

Hier steht der Herd unmittelbar vor dem Fenster. Das verstößt gegen ein Grundprinzip des Feng Shui. Wir müssen den Herd als wichtige Kraft im Haus respektieren. Er braucht eine starke Schildkröte hinter sich und sollte an einer soliden Wand stehen, nicht vor einem Fenster. Wenn das Fenster offen ist, stört Zugluft die Flammen eines Gasherds und schluckt Wärme beim Kochen.

Manche Küchen sind mit Schwingtüren ausgestattet. Sie sehen ansprechend aus und machen es der Köchin leichter, die Mahlzeiten zu servieren. Aber Feng Shui betrachtet Schwingtüren als Unfallverursacher, vor allem wenn mehrere Personen kochen, auftragen und abräumen. Am besten ersetzen Sie diese Türen durch normale Türen, oder Sie bauen ein großes Fenster ein, um Unfällen vorzubeugen.

Feuer in der Küche ist immer gefährlich. Darum bringen manche Leute Rauchmelder oder ein anderes Alarmsystem an. Da beim Kochen aber stets Wärme, Dämpfe und Rauch erzeugt werden, wird der Alarm oft ohne Grund ausgelöst. Ein Rauchmelder ist unmittelbar vor der Küche besser aufgehoben. Dann reagiert er nur auf übermäßigen Rauch, der aus der Küche dringt.

Manche modernen Küchendesigner empfehlen Glastüren. Aber Sie sollten immer an die Sicherheit in Ihrer Küche denken. Bei einem Brand haben große Glasflächen die Neigung zu explodieren, so daß Splitter durch die Gegend fliegen. Türen mit kleinen Glaspaneelen sind in solchen Fällen viel sicherer als Türen, die fast ganz aus Glas bestehen.

LICHT UND LUFT

Unsere Vorfahren kochten im Freien, umgeben von Licht und freiem Raum. Obwohl wir heute das Essen in der Küche zubereiten, brauchen wir immer noch Licht und Luft. Die natürliche Lichtquelle der Küche ist das Fenster. Es sollte sich über dem Spültisch befinden, damit wir bei Tag die notwendige Helligkeit haben, um Gemüse zu waschen oder Geschirr zu spülen.

Es ist schon lange her, daß der Mensch nur bei Tageslicht kochte und aß. Heute werden Küchen elektrisch beleuchtet. Scheinwerfer mit modischem Design werden immer beliebter; aber sie geben stark gebündelte Strahlen ab und erzeugen große Hitze. Halten Sie Nahrungsmittel von ihnen fern.

Neonlampen sind besser, weil sie am wenigsten Energie brauchen und am wenigsten Wärme erzeugen. Ihr leichtes Flackern, das im Arbeitszimmer zum Problem werden kann, hat in der energiereichen Küche keine schädliche Wirkung.

Wenn das Fenster nach Süden geht, sollten Sie an ihm ein abwaschbares Rollo anbringen und es an sonnigen Nachmittagen schließen. Es dämpft grelles Licht und senkt die Temperatur. Das ist besonders wichtig, wenn Sie frisches Gemüse oder andere leicht verderbliche Produkte aufbewahren.

Es ist gar nicht so leicht, in der Küche immer frische Luft zu haben. Ein offenes Fenster ist nicht ideal, wenn Sie eine Mahlzeit zubereiten und kochen; denn es besteht die Gefahr, daß das Essen und das Geschirr verschmutzt werden. Windstöße führen zu Temperaturschwankungen in der Küche und stören die Atmosphäre. Bringen Sie über dem Herd eine Dunstabzugshaube an; sie entfernt Dünste und Dämpfe fast so schnell, wie sie entstehen, und verhindert, daß sie sich ausbreiten und auf Oberflächen niederlassen.

DER UMGANG MIT WASSER

Das *I Ging*, ein klassisches chinesisches Orakelbuch, betrachtet Wasser als problematisch. Seine Energie ist sehr stark und unberechenbar. Feng-Shui-Meister empfehlen immer wieder, mit Wasser vorsichtig umzugehen. Es ist beispielsweise nicht ratsam, in einem Haus zu wohnen, hinter dem sich ein Gewässer befindet. Die Wasser-Energie kann zahlreiche Störungen hervorrufen, auch gesundheitlicher und sexueller Art. Jedes Gewässer hinter einem Haus schwächt die äußerst wichtige Schildkröte, die das Haus schützen soll.

Wir brauchen Wasser in der Küche; aber wegen seiner einzigartigen Kräfte müssen wir gut über seine Position nachdenken, am besten mit Hilfe der Fünf Energien (siehe Seite 48 – 51). Wasser-Energie bewegt sich nach unten, während Feuer-Energie aufsteigt. Beide sind sich feind, und wenn sie streiten, wird explosive Energie frei. Dampf entsteht, wenn das Feuer das Wasser überwältigt und es zum Kochen bringt. Starke Energie strahlt in alle Richtungen, wenn Feuerwehrmänner ihre Schläuche auf ein brennendes Gebäude richten. Die kluge Köchin lernt, das Wechselspiel des Feuers und des Wassers in den Griff zu bekommen und die beiden Energien, wenn irgend möglich, in der Küche zu trennen.

In der modernen Küche besteht die beste Lösung darin, alle Geräte, die Wasser benötigen, in einer Ecke oder an einer Wand des Raumes unterzubringen, nicht nur den Spültisch, sondern auch die Waschmaschine, den Geschirrspüler und Wasserfilter. Die Wasserecke sollte der Feuerecke mit dem Herd und den Elektrogeräten gegenüberliegen.

Wenn diese Trennung nicht möglich ist, arrangieren Sie die Wasser- und die Feuer-Energie am besten im rechten Winkel zueinander. Wichtig ist, daß sie nie Seite an Seite angeordnet werden – dann fangen sie nämlich an zu kämpfen.

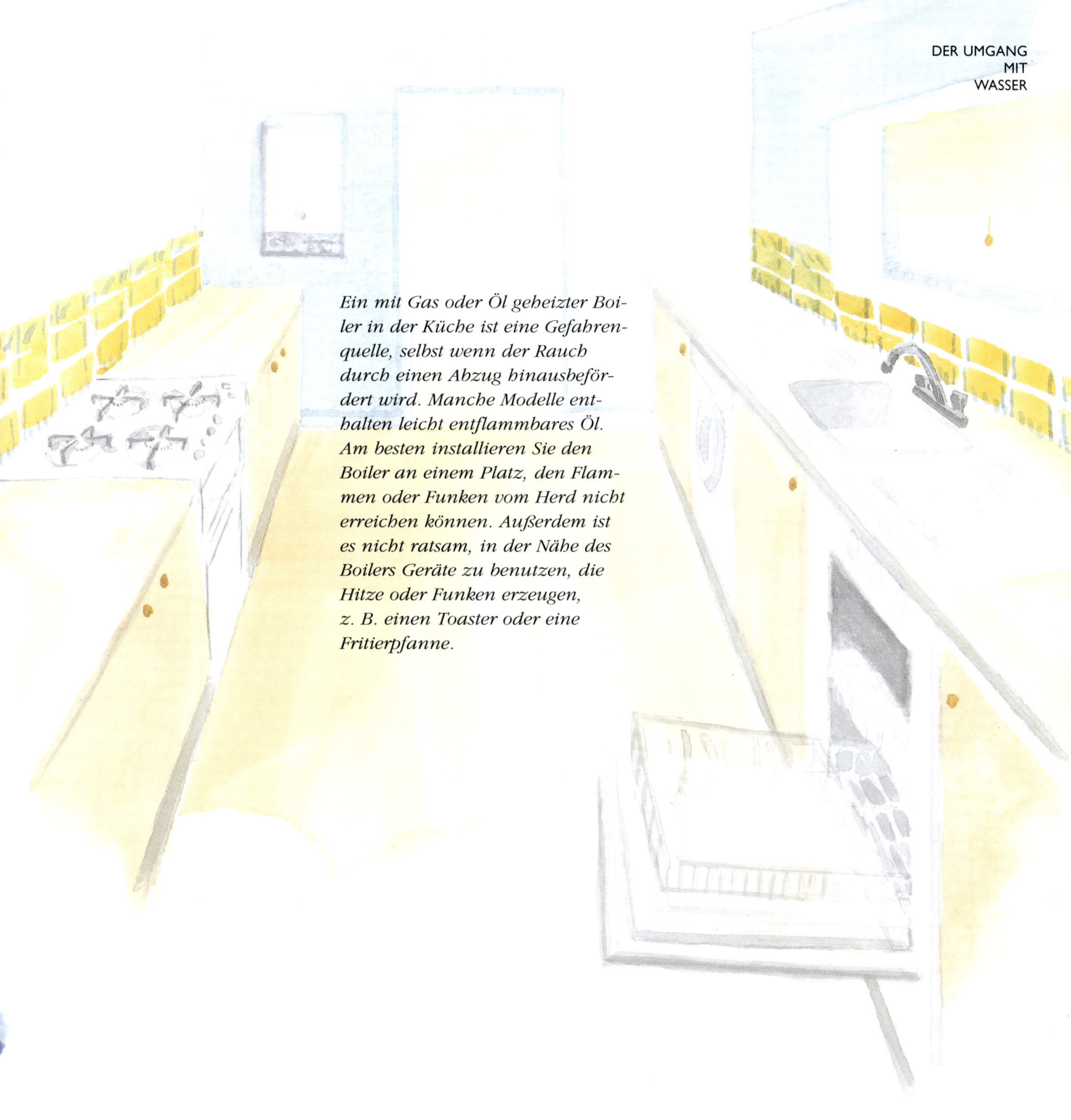

Ein mit Gas oder Öl geheizter Boiler in der Küche ist eine Gefahrenquelle, selbst wenn der Rauch durch einen Abzug hinausbefördert wird. Manche Modelle enthalten leicht entflammbares Öl. Am besten installieren Sie den Boiler an einem Platz, den Flammen oder Funken vom Herd nicht erreichen können. Außerdem ist es nicht ratsam, in der Nähe des Boilers Geräte zu benutzen, die Hitze oder Funken erzeugen, z. B. einen Toaster oder eine Fritierpfanne.

FEUER UND ELEKTRIZITÄT

Alle Elektrogeräte besitzen Feuer-Energie. Im System der Fünf Energien (siehe Seite 48 – 49) ist dies die aufsteigende, explosive Kraft. Diese Energie erzeugt Wärme und Elektrizität und kann fast alles rasch umwandeln, mit dem es in der Natur in Berührung kommt. Feuer schmilzt Metall und verbackt den Boden. Es verzehrt Holz und kocht Wasser. Mit Feuer kann man sogar ein anderes Feuer ersticken.

Elektrizität hat die gleiche Energie. Das wird uns klar, wenn Blitze am Nachthimmel aufleuchten oder wenn jemand riesige Generatoren für ein Open-Air-Konzert aufstellt. Im täglichen Leben halten wir den elektrischen Strom für selbstverständlich. Alle Elektrogeräte samt ihren Kabeln haben elektrische Felder und Magnetfelder. Manche mögen nur schwach sein; aber wenn Sie sich in einem geschlossenen Raum mit solchen Feldern aufhalten oder, schlimmer noch, Ihren Arbeitstag darin verbringen, so wie es bei vielen Büroangestellten der Fall ist, setzen Sie sich energetischen Störungen aus, die der Gesundheit schaden können.

Wir brauchen diese Energie in der Küche. Wenn wir richtig mit ihr umgehen, ist sie ungefährlich und verbessert den Nährwert unseres Essens. Der beste Feng-Shui-Rat lautet daher: Geben Sie dieser Energie ihren eigenen Platz in der Küche. Dadurch verhindern Sie zu starke Energiefelder in der Umgebung.

Die Bilder auf diesen Seiten zeigen Elektrogeräte, die alle an einer Wand angeordnet sind. Dazu gehören der Herd, der Toaster, ein elektrischer Kessel, ein Mikrowellenherd und eine Küchenmaschine. Sie alle stehen im rechten Winkel zur Wand, an der sich die Wasser-Energie (Spültisch und Geschirrspüler) befindet. Der Geschirrspüler wird zwar auch mit Strom betrieben, aber der Wasser-Energie zugerechnet.

Wenn Sie einen kleinen, niedrigen Kühlschrank haben, stellen Sie ihn am besten an die Tiger-Seite des Herdes. Eine große Gefriertruhe paßt an die Drachen-Seite.

OBERFLÄCHEN

FENSTER

Ein abwaschbares Rollo ist der beste Schutz für das Fenster. Gewöhnlicher Stoff und Gardinen werden von Dämpfen und Ölen in der Luft ständig verschmutzt.

ARBEITSFLÄCHEN

Die besten Materialien für Arbeitsflächen sind Holz, Marmor und Resopal. Sie sind widerstandsfähig und leicht zu reinigen. Keramikfliesen sind als Arbeitsfläche unhygienisch, weil sich in den Rillen Schmutz ansammelt. Fliesen eignen sich aber gut für die Wände in dem Bereich, wo Nahrungsmittel gewaschen, gehackt und gekocht werden. Sie sind feuerfest, leicht zu reinigen und ziemlich billig. Obwohl rostfreier Stahl heute modern ist, gehört er nicht ins Haus, weder als Arbeitsfläche noch als Wandschutz. Er ist zwar abwaschbar und feuerfest, aber er speichert Wärme, und das kann gefährlich werden und schadet den Nahrungsmitteln, die Sie in der Küche aufbewahren. Er sollte Großküchen vorbehalten bleiben.

WÄNDE

Tapeten in der Küche schälen sich unter dem Einfluß der Feuchtigkeit und des Temperaturwechsels leicht. Eine Holzverkleidung ist ansprechend, aber sie gehört in Räume, in denen die Brandgefahr gering ist. Wasserabweisende, wischfeste Farbe eignet sich am besten. Die Küche sollte so ruhig wie möglich sein, um die vielen Energien unterzubringen, die an der Zubereitung des Essens beteiligt sind. Weiß, Beige und Pastelltöne sind besonders empfehlenswert.

DIE DECKE

Eine Holzdecke ist feuergefähr-lich, besonders in der Küche. Dasselbe gilt für Polystyrol. An Deckenverzierungen sammeln sich Staubteilchen an, und die Reinigung ist schwierig. Einfacher, bemalter Gips ist am sicher-sten. Streichen Sie ihn weiß oder in einer Pastellfarbe. Meiden Sie dunkle Farben an der Decke.

SCHRÄNKE

Das Dekor des Schrankes sollte zur Umgebung passen. Kleine Schränke in hellen Farben sind am besten. Meiden Sie Metall-schränke, deren Energie für gela-gerte Nahrungsmittel zu stark ist.

ERDFARBEN

Irdene Farbtöne schaffen eine angenehme Atmosphäre. Hell-braun, Beige und Gelb sind will-kommen. Verwenden Sie eine dunklere Farbe für den Boden.

DEKORATION

Je weniger, desto besser! Die beste Dekoration für die Küche sind ein Feuerlöscher und eine Feuerdecke.

FUSSBÖDEN

Fußböden aus Holz eignen sich gut für die Küche. Korkstreifen oder -fliesen sind billig und geben unter Druck leicht nach. Wenn sie gut verspachtelt sind, lassen sie sich leicht reinigen. Schiefer- und Keramikfliesen sind zwar in modernen Küchen beliebt, aber sie sind kalt und glatt, und Gläser und Teller zerbrechen, wenn sie darauf fallen. Linoleum in guter Qualität und mit Fliesenmuster ist besser.

65

AUSWÄRTS ESSEN

Dieser arme Kerl muß schon früh am Morgen hart arbeiten und hat keine Zeit für ein gutes Frühstück. Er hat seinen Laptop dabei und macht die Küche zum Büro. Man braucht kein Arzt zu sein, um zu wissen, daß Essen und Arbeiten zwei völlig verschiedene Tätigkeiten sind. Wer sie tagaus, tagein vermischt, schadet seiner Gesundheit. Der Mann sitzt vor einer Metallwand und ißt von einer glänzenden Theke aus Chrom. Jede Oberfläche reflektiert Wärme und Licht. Einerlei, was auf dem Grill ist, der Gast wird in diesem Inferno mitgegrillt. Aus dem Blickwinkel des Feng Shui ist sein Rücken völlig ungeschützt, was sein Unbehagen verstärkt.

Gegenüber sehen Sie eine Szene in einem gut gefüllten Restaurant. Alles dient dem Servieren und Essen im geselligen Kreis. Die Stühle stehen so, daß jeder Gast eine Schildkröte für einen anderen ist. Die runden Tische betonen die Gemeinsamkeit, und selbst die Speisen auf dem Drehtablett sind für alle bestimmt. Hier kommt das Vergnügen zuerst.

Das ist auch die Botschaft der Fassade eines kantonesischen Restaurants (kleines Bild). Der Besitzer hat seine Delikatessen ausgebreitet – Tintenfisch, Gans, chinesische Wurst und Muscheln. Die Fülle, die Tellerstapel und die Eßstäbchen laden jedermann zu einem Besuch ein.

VORRÄTE

Die Erde ist ein riesiges Lagerhaus. Sie birgt die Saat aller Organismen in sich, die sie gebiert. Sie bringt alles hervor, was ihre Geschöpfe zum Leben brauchen, und sie nimmt alles auf, was ihr zurückgegeben wird.

Auch Ihre Küche ist ein Lagerhaus. In einer gut ausgestatteten Küche finden wir alle Grundnahrungsmittel. Die Schränke und Regale sind mit getrockneten Kräutern und Gewürzen gefüllt. Auch Frischkost ist da: Milchprodukte und frisches Brot.

Im klassischen China befand sich der Vorratsraum neben oder unter der Küche, um die Nahrungsmittel vor der Tageshitze und den Sonnenstrahlen zu schützen. Die Bauern lernten sehr früh, daß Gemüse länger frisch bleibt, wenn es

Kontakt mit der Erde hat, aus der es kommt. Darum pflegten sie es auf den Boden des Lagerraumes zu legen.

Das ist heute noch ein guter Rat. Der ideale Vorratsbehälter ist ein kleiner, separater Raum oder ein großer, begehbarer Schrank neben der Küche, in manchen Häusern auch der Keller. Wenn möglich, sollte er ein paar kleine Fenster haben, trocken sein und einen Fußboden und Wände mit Keramikfliesen haben. Gemüse können Sie auf den Boden legen. Dort hält es viel länger als im feuchten, extrem kalten Kühlschrank. Trockene Nahrungsmittel können Sie auf Regalen neben dem Fenster aufbewahren, aber geschützt vor der Sonne.

In vielen Kulturen, nicht nur in der chinesischen, werden Nahrungsmittel in einem separaten Raum aufbewahrt. Die Speisekammer war bis vor kurzem ein wichtiger Teil der Häuser, die in Nordamerika und Europa gebaut wurden.

IRDENE GEFÄSSE

Erd-Energie ist für Vorratsbehälter ideal. Das schließt Ton, Porzellan und irdene oder gläserne Töpfe ein. Sie sind kühl und innen trocken. Erd-Energie beruhigt und schützt. Nahrungsmittel verderben in solchen Behältern langsamer. Salz, Zucker, Pfeffer und andere Produkte, die man am besten dunkel hält, können in Tontöpfen aufbewahrt werden. Was Licht verträgt, zum Beispiel Gesäuertes, getrocknete Nudeln und Nüsse, können Sie in Gläsern aufheben.

HOLZ

Behälter aus Holz oder Bambus sind wundervoll, weil sie Luft durchlassen. Tee, Getreide und andere Produkte, die atmen müssen, bleiben in ihnen länger frisch. Das gleiche gilt für Nahrungsmittel, die in Metallbehältern leicht schimmeln, etwa Kuchen und Brot.

FEUER UND METALL

Plastik, ein Erdölprodukt, hat das Energiemuster des Feuers. Alle Behälter aus Stahl oder Aluminium strahlen Metall-Energie aus – und keiner eignet sich für Lebensmittel. Das beste Plastik ist so fest, daß es ähnliche Eigenschaften hat wie irdene Töpfe; aber gewöhnliches, billiges Plastik ist von geringer Qualität. Es läßt sich schwer abdichten, und fast alles, was man darin aufbewahrt, nimmt seinen Geruch an. Käse und andere lebende Produkte schwitzen darin. Metall-Energie ist schwer und wirkt kondensierend. Sie schadet vielen Produkten, die zudem Spuren des Metalls aufnehmen, so daß das Metall sich langsam zersetzt.

69

DIE EINZIMMERWOHNUNG

Wenn Sie ein Apartment ohne separate Küche haben oder in einer kaum unterteilten Wohnung viele verschiedene Funktionen unterbringen müssen, können Sie dennoch die Prinzipien des Feng Shui anwenden.

Die Beispiele auf dieser Seite zeigen deutlich, daß Feng Shui in einem winzigen Zimmer ebenso nützlich ist wie in einem offen angelegten Penthaus.

Hier beanspruchen Bett und Kleiderschrank fast zwei ganze Wände. Am Fuß des Bettes befindet sich eine Waschgelegenheit mit fließendem Wasser. Auch für Tisch und Stuhl ist Platz. Der Tisch dient gleichzeitig als winziger Arbeitsbereich und Miniküche. Vorratsbehälter stehen auf dem Regal unter dem Tisch, und oben befindet sich ein Kochelement.

Der Bewohner hat wenig Wahlmöglichkeiten. Ein beweglicher Wandschirm könnte die innere Dynamik des Zimmers verbessern. Man könnte ihn, wie auf dem Plan unten, an die Ecke des Tisches stellen. So bildet er auch eine Barriere zwischen dem Kochelement und dem Bett. Es wäre sehr zu empfehlen, ihn vor dem Schlafengehen so aufzustellen, weil er die Feuer-Energie in eine Ecke drängt. Das Zimmer ist bereits geschickt eingerichtet, so daß die Feuer-Energie sich an einer Wand gegenüber der Wasser-Energie befindet. Das Bett steht sicher in einer Ecke, hat also eine solide Schildkröte hinter sich.

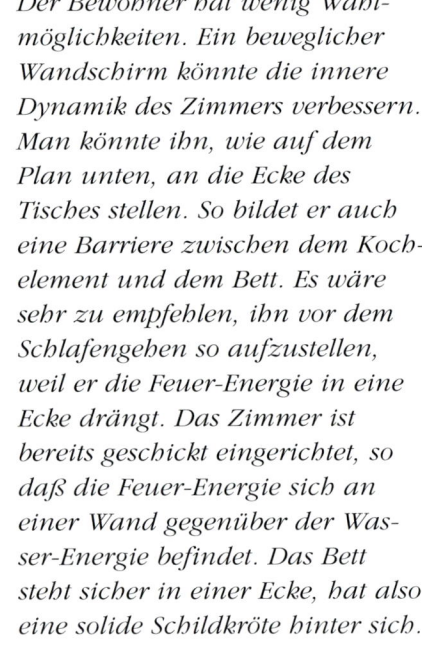

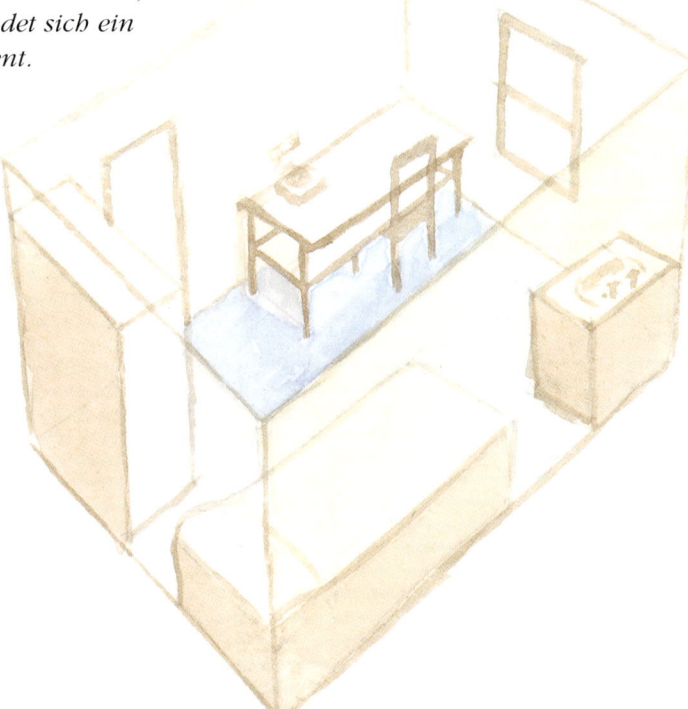

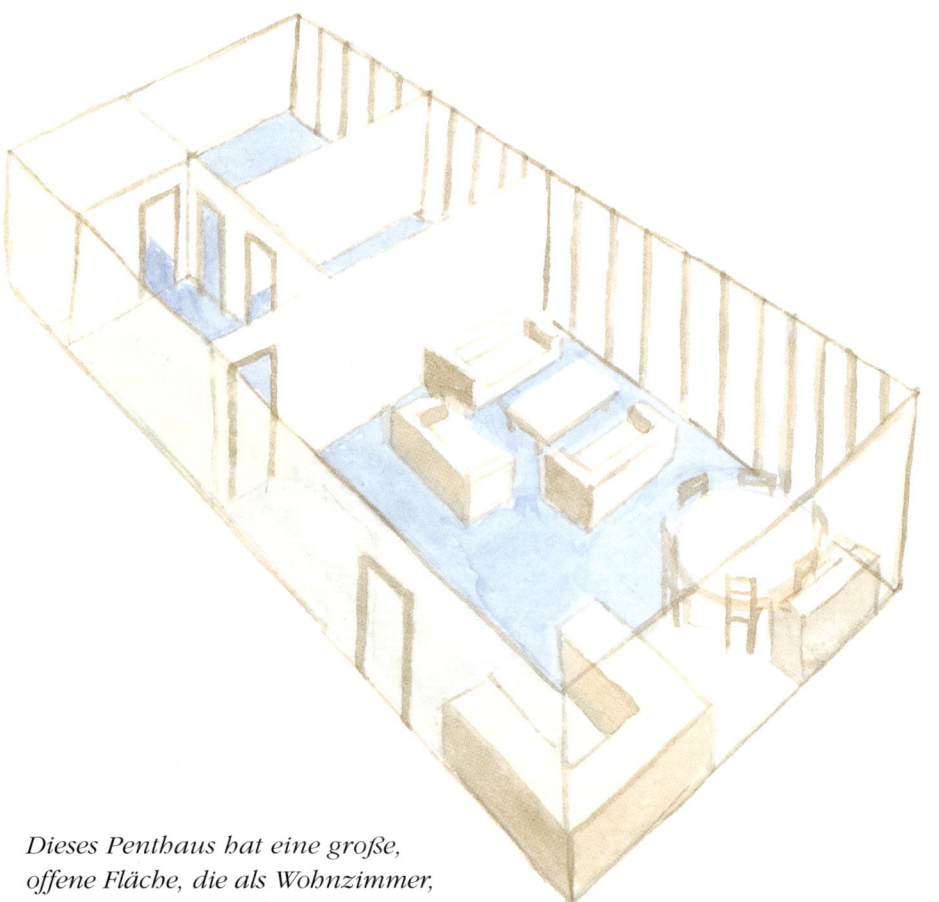

Die Lösung besteht darin, den Küchenbereich zu vervollständigen – durch den Einbau von Wänden oder mit Wandschirmen, die vom Boden bis zur Decke reichen und eine platzsparende Falttür haben. Auch die uralte spanische Wand würde hier gute Dienste leisten. Auf dem Plan unten ist ein großer Schirm zu sehen. Er bildet eine schützende „Wand" um das Sofa und kann auch den Eßbereich abgrenzen. Zwar ist das Problem – die offene Küche – dadurch nicht ganz gelöst, aber der Schirm könnte ein brauchbarer Ersatz für die fehlenden Wände des Kochbereichs sein. So ließe sich immerhin ein großer Teil der Energie in der Küche festhalten, und der Rest der Wohnung wäre weitgehend abgeschirmt.

Dieses Penthaus hat eine große, offene Fläche, die als Wohnzimmer, Eßzimmer und Küche zugleich dient. Die Arbeitsflächen der Küche, der Schrank und andere Einrichtungen sind in einer Ecke untergebracht, so daß der Küchenbereich kaum die Hälfte des Raumes einnimmt. Wer sich dem Spültisch, den Arbeitsflächen oder dem Herd zuwendet, hat also keine starke Schildkröte hinter sich. Zudem ist der Rest des offenen Raumes allen vom Kochen ausgelösten energetischen und atmosphärischen Störungen völlig ausgeliefert.

Teil drei

Zubereiten

UND **KOCHEN**

ZUBEREITEN UND KOCHEN

Obwohl die chinesische Kochkunst unglaublich ausgeklügelt und vielfältig ist, benötigt sie nur wenige Geräte. Statt dessen vertraut sie auf traditionelle Fertigkeiten und Zutaten und auf unser Gespür für die Ausgewogenheit der Aromen und Texturen. So kommen sättigende und nahrhafte Mahlzeiten zustande.

Zwei typische Methoden der chinesischen Küche werden in diesem Buch vorgestellt: das Pfannenrühren und das Dämpfen. Für die Rezepte brauchen Sie Zutaten, die Sie in einem großen chinesischen Supermarkt oder in einem asiatischen Geschäft leicht kaufen können. Meist finden Sie diese Zutaten oder geeignete Alternativen auch in westlichen Geschäften.

Teil drei beginnt mit einer kurzen Beschreibung der wichtigsten Werkzeuge – Hackbeil, Wok und Dämpfkorb – und erklärt, wie man mit ihnen umgeht. Dann werden Sie in die Prinzipien einer ausgewogenen Ernährung eingeweiht und dürfen eine chinesische Speisekammer besichtigen, die mit allem gefüllt ist, was Sie für die Rezepte in Teil vier brauchen. Außerdem geben wir Tips zu den frischen Zutaten. Die Abschnitte über Reis und Nudeln enthalten mehrere Rezepte als Beispiele für unterschiedliche Kochmethoden.

Vielleicht kommt Ihnen die chinesische Kochkunst anfangs kompliziert vor; aber sie ist in vieler Hinsicht trügerisch einfach. Es gibt nur wenige Regeln, die Sie von anderen Küchen her kennen. Wichtig ist das Kochen als Kunst, nicht das präzise Abmessen und der Blick auf die Uhr. Die chinesische Köchin kann aus wenigen Zutaten eine enorme Zahl von Gerichten zubereiten und aus fast allem eine Mahlzeit zaubern.

Chinesisch zu kochen ist entspannend und aufregend zugleich. Es gibt nur zwei Voraussetzungen. Erstens sollten Sie dem Vorbereiten und Kochen Ihre ungeteilte Aufmerksamkeit widmen, und zweitens sollten die Zutaten so frisch wie möglich und von bester Qualität sein.

MIT DEM HERZEN KOCHEN

Die ganze Welt des Essens gilt als Energiezyklus, so wie das Haus und die Küche Energiefelder sind, welche die Qualität der Mahlzeiten beeinflussen. Sie, die Köchin, sind ebenfalls ein Energiefeld. Auch die Qualität Ihrer Energie, Ihre Stärke oder Schwäche, Ihre Anspannung oder Gelassenheit wirken auf das Essen ein, das Sie zubereiten.

Das ist etwas Neues für Menschen, die das Kochen bisher für einen mechanischen Vorgang gehalten haben, bei dem es genügt, Schritt-für-Schritt-Anweisungen zu befolgen. Für Chinesen ist Kochen eher mit Kalligraphie verwandt. Der Kalligraph hat eine lebhafte Vorstellung von den Schriftzeichen, die er schreiben soll; aber wenn er die notwendigen Pinselstriche macht, verläßt er sich auf die Macht des Augenblicks und die Qualität seiner inneren Energie. Es liegt in der Natur dieser Kunst, daß der seelische Zustand des Kalligraphen sich sofort in den Linien widerspiegelt, welche die Tinte auf dem Reispapier hinterläßt.

So ist es auch beim Kochen. Das Essen absorbiert Ihre Energie und reagiert darauf. Die Beziehung zwischen Ihnen und den Zutaten, die Sie waschen, hacken, braten und servieren, ist sehr eng. Wenn Sie beim Kochen entspannt sind und eine großzügige Einstellung haben, beeinflussen Sie das Essen positiv.

Wenn Sie die Ratschläge in der ersten Hälfte des Buches befolgt haben, ist Ihre Küche bereits so eingerichtet, daß Sie vor schädlichen Energien geschützt sind und sich beim Kochen weniger angespannt fühlen. Befolgen Sie auch den Rat, der die Zubereitung betrifft, und Sie können sich besser auf das Essen einstimmen und es mit größerer Konzentration zubereiten.

Denken Sie auch an das oft zitierte Sprichwort »Du bist, was du ißt.« Der weise Kwan Tse sagte: »Für den Herrscher ist das Volk der Himmel. Für das Volk ist das Essen der Himmel.« Diese Worte basieren auf einem ganzheitlichen Bild von der Gesellschaft und lassen sich verschieden deuten. Zum Teil wollen sie darauf hinweisen, daß wir die Lebenskraft, die nicht nur den Körper erhält, sondern auch den Geist nachhaltig beeinflußt, aus unseren täglichen Speisen und Getränken schöpfen.

ESSTÄBCHEN

Es ist ganz natürlich, wenn Sie chinesische Gerichte mit Eßstäbchen, einer typischen Errungenschaft der chinesischen Kultur, essen möchten. Sie werden aus Gold, Silber, Elfenbein, Jade, Knochen, lackiertem Holz und Bambus hergestellt. Am billigsten sind wohl die etwa 26 Zentimeter langen Bambusstäbchen, die sich auch am einfachsten reinigen lassen und weniger glitschig sind.

Sie brauchen für den Umgang mit Eßstäbchen ein wenig Übung, aber Sie gewöhnen sich schnell daran. Man hält das Stäbchen etwa 6½ Zentimeter unterhalb der dickeren Spitze fest.

Legen Sie ein Stäbchen in die Daumenbeuge, dort wo Daumen und Zeigefinger in die Hand übergehen. Der untere Teil des Stäbchens liegt quer über dem Ringfinger. Das obere Gelenk des Daumens drückt es fest an den Ringfinger, so daß es nicht wegrutscht.

Halten Sie nun das zweite Stäbchen zwischen den Spitzen des Daumens, des Zeige- und Mittelfingers, als wollten Sie damit schreiben. Die flexiblen Spitzen der drei Finger bewegen das obere Stäbchen über dem stabilen unteren auf und ab. Üben Sie, bis Sie diese Zangenbewegung beherrschen!

HACKBEILE UND HACKBRETTER

Die chinesische Köchin widmet den größten Teil ihrer Zeit und ihrer Fertigkeiten der sorgfältigen Zubereitung des Essens vor dem Kochen. Wenn die Zutaten im Topf sind, garen sie in wenigen Minuten. Die eigentliche Arbeit kommt also vorher.

Eine gute Köchin benötigt neun von zehn Minuten, um die Zutaten vorzubereiten, und nur eine Minute, um sie zu garen. Diese ausgedehnte Vorbereitung ist ebenso praktisch wie ästhetisch.

Der ganze Prozeß vom Waschen bis zum Einweichen, Schneiden und Marinieren kommt zuerst. Das Braten und Kochen geht so schnell, daß alle Zutaten bereit sein müssen, bevor man die Pfannen erhitzt.

Wenn das Gericht gleichmäßig und rasch garen soll, müssen die Stücke eine einheitliche Größe haben. Dann können Sie jede Zutat optimal garen.

Konfuzius meinte, man solle nicht essen, was krumm geschnitten sei. Sein Rat wird seit Jahrhunderten befolgt.

Das Mosaik aus harmonischen Formen und dazu passenden Farben macht das Gericht für das Auge gefällig. Wenn Sie nicht jedes Stück gleichmäßig schneiden, ist die Harmonie der ganzen Mahlzeit gestört.

Es ist Tradition, kleine Stücke zu schneiden, damit man sie leichter mit den Eßstäbchen aufnehmen, in den Mund schieben, sorgfältig kauen und gut verdauen kann.

Weil die Vorbereitung so wichtig ist, haben sich die chinesischen Hackbeile zu einem multifunktionellen Werkzeug entwickelt.

DAS HACKBEIL

Die rechteckige, flache Klinge des Beils wird zum Schneiden, Hobeln und Hacken verwendet, aber man kann damit auch zerquetschen und schöpfen. Mit der scharfen Ecke der Klinge können Sie Linien in Schweinehaut oder Tintenfisch ziehen und Speisen in Streifen schneiden. Die breite Rückseite kann Fleisch zart klopfen. Der Griff eignet sich als Stößel, wenn Sie Gewürze mahlen.

Die Klinge kann aus karbonitriertem Stahl oder rostfreiem, stark karbonitriertem Stahl bestehen. Beide lassen sich leicht schärfen. Trocknen Sie die Klinge sorgfältig, damit sie nicht rostet.

Die meisten Hackbeile sind ziemlich schwer. Sie wiegen zwischen 115 und 575 Gramm. Eine erfahrene Köchin läßt das Gewicht des Hackbeils für sich arbeiten. Sie hebt es zum Beispiel über das Fleisch und läßt es dann mit einem lockeren Schlag fallen, anstatt es ins Fleisch zu drücken. Am besten wählen Sie ein Beil, das bequem in der Hand liegt, gut ausbalanciert ist und sich wie eine starke Verlängerung Ihres Armes anfühlt. Wenn Sie zum erstenmal ein Hackbeil kaufen, sollten Sie ein mittelgroßes probieren.

Es ist faszinierend, einer geschickten Köchin zuzusehen. Zum Hacken benutzt sie vielleicht zwei Beile nebeneinander und halbiert so die Arbeitszeit. Alles geht so schnell, daß ein ständiger Energiestrom entsteht. Als Anfängerin brauchen Sie nur die Grundlagen zu lernen, die auf den Seiten 78 – 79 dargestellt sind.

Pflege des Hackbeils. Halten Sie die Klinge scharf. Im klassischen China sorgten reisende Scherenschleifer dafür. Zum Schleifen brauchen Sie einen Wetzstein. Es lohnt sich, das Schleifen bei einem Fachmann zu erlernen, aber die folgenden Tips sind ein guter Anfang. Kaufen Sie einen kleinen Stein, der auf einer Seite rauh und auf der anderen glatt ist. Benutzen Sie die rauhe Seite für stumpfe und beschädigte Klingen und die glatte für die Feinarbeit.

DAS HACKBRETT

Das Hackbrett ist das Erd-Element, das den Stoß und Druck des Beils auffängt. Die traditionelle chinesische Küche verwendete eine dicke Scheibe von einem Baumstamm als Arbeitsfläche und als Hackbrett. Man konnte es mitnehmen, wo man es brauchte. Sobald die Oberfläche des häufig benutzten Bretts ungleichmäßig wurde, glättete man es mit dem Hackbeil, bis es so gut wie neu war. Heute benutzen Berufsköche ein Brett, das etwa 15 Zentimeter dick ist. Für Ihre Küche genügt ein 4 Zentimeter dickes Holzbrett mit einer Fläche von 30 mal 46 Zentimetern. Ein solches Brett bleibt bei der Arbeit stabil.

Von oben: Wetzstein. Das schwerste Hackbeil (Größe 1) wird von Berufsköchen bevorzugt. Das mittelschwere (Größe 2) eignet sich für Anfänger und das leichte (Größe 3) für präzises Zuschneiden.

Säubern Sie das Hackbeil, und sprenkeln Sie einige Tropfen Öl oder Wasser auf den Stein. Halten Sie das Beil gut fest, und reiben Sie die Schneide sanft am Stein, zuerst nach vorne, dann zurück. Wiederholen Sie das mehrere Male, drehen Sie die Klinge um, und schärfen Sie die andere Seite.

77

DIE ARBEIT MIT DEM HACKBEIL

Schneiden. Es ist am einfachsten, wenn Sie das Essen in dünne, gerade, parallele Scheiben schneiden, die dank ihrer großen Fläche rasch garen. Das gilt vor allem für hartes Wurzelgemüse, Fisch und Fleisch. Rohes Fleisch und roher Fisch lassen sich leichter in dünne Scheiben schneiden, wenn sie teilweise gefroren sind. Schneiden Sie die langen Muskelfasern quer durch, damit das Fleisch schneller gart und zarter wird.

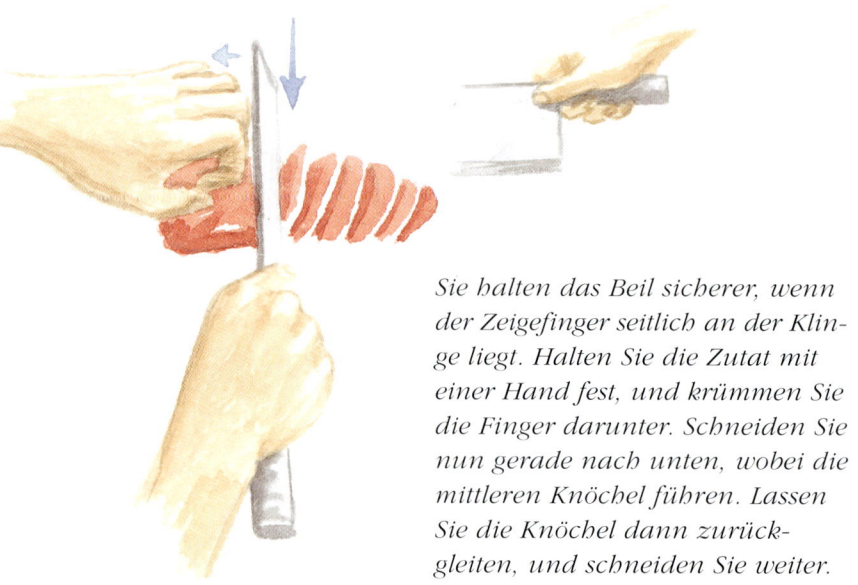

Sie halten das Beil sicherer, wenn der Zeigefinger seitlich an der Klinge liegt. Halten Sie die Zutat mit einer Hand fest, und krümmen Sie die Finger darunter. Schneiden Sie nun gerade nach unten, wobei die mittleren Knöchel führen. Lassen Sie die Knöchel dann zurückgleiten, und schneiden Sie weiter.

Diagonal schneiden können Sie Fischfilet oder dünnes Gemüse wie Spargel, Lauch und Frühlingszwiebeln, damit die Scheiben größer werden.

Zerkleinern. So schneiden Sie Fleisch, Ingwer und Knoblauch in Scheibchen.

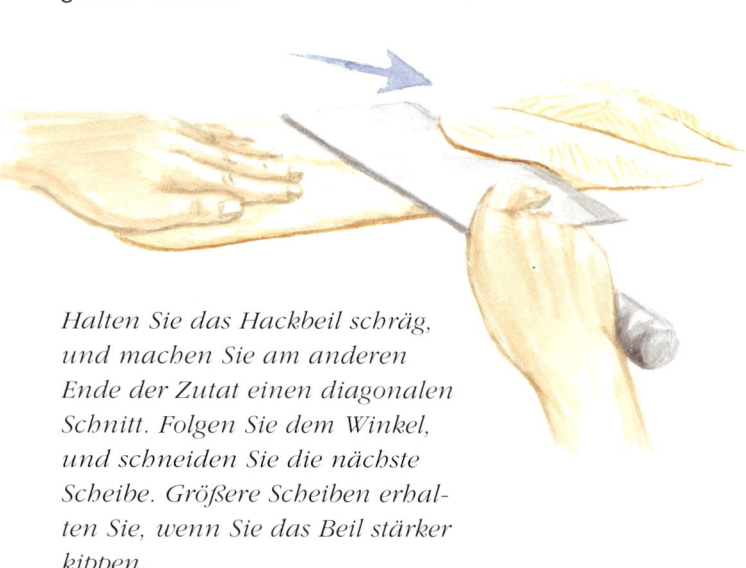

Halten Sie das Hackbeil schräg, und machen Sie am anderen Ende der Zutat einen diagonalen Schnitt. Folgen Sie dem Winkel, und schneiden Sie die nächste Scheibe. Größere Scheiben erhalten Sie, wenn Sie das Beil stärker kippen.

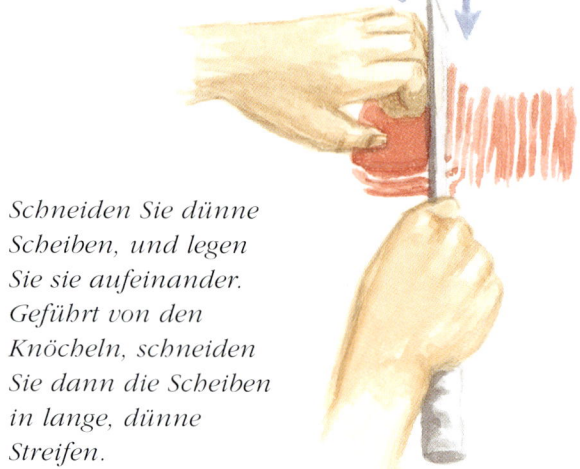

Schneiden Sie dünne Scheiben, und legen Sie sie aufeinander. Geführt von den Knöcheln, schneiden Sie dann die Scheiben in lange, dünne Streifen.

Rollen und schneiden. Mit dieser Methode entstehen große Oberflächen. Das beschleunigt das Garen. Sie eignet sich für zylindrische Zutaten wie Möhren, Spargel oder Lauch. Auberginen und andere Gemüse behalten dabei ein wenig Haut.

Diamantförmige Stücke erhalten Sie, wenn Sie diagonal schneiden, das Gemüse um 90° in Ihre Richtung rollen und noch einmal diagonal schneiden.

Hacken. Große Zutaten mit weichen Knochen, z. B. Fisch, Geflügel und Rippchen, können Sie in kleine Stücke hacken.

Fein hacken. Mit dieser Methode können Sie Fleisch, Meeresfrüchte und Gemüse fein hacken.

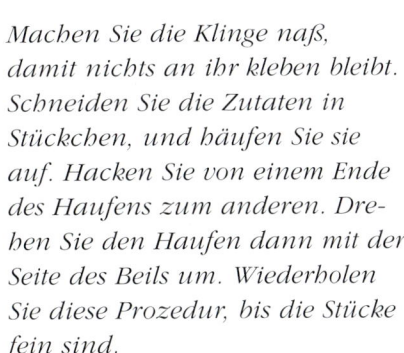

Halten Sie die Klinge über den Punkt, wo Sie hacken wollen. Heben Sie das Beil etwa 8 Zentimeter hoch, und schwingen Sie es kräftig nach unten.

Machen Sie die Klinge naß, damit nichts an ihr kleben bleibt. Schneiden Sie die Zutaten in Stückchen, und häufen Sie sie auf. Hacken Sie von einem Ende des Haufens zum anderen. Drehen Sie den Haufen dann mit der Seite des Beils um. Wiederholen Sie diese Prozedur, bis die Stücke fein sind.

MARINIEREN, BLANCHIEREN UND EINWEICHEN

Vor dem Kochen müssen Sie manche Zutaten marinieren, blanchieren oder einweichen.

Marinieren. Fleisch und Fisch müssen manchmal mariniert werden, damit sie zarter und aromatischer werden und vor der großen Hitze des Woks geschützt sind.

Geben Sie zuerst Wasser und Maismehl, Zucker und Öl in die Pfanne. Rühren Sie gut um, und fügen Sie Sojasoße und Salz hinzu, nach Belieben auch Ingwer, Knoblauch, Reiswein oder Gewürzpulver. Das im Wasser gelöste Maismehl befeuchtet das Fleisch und bildet einen Schutzmantel gegen die salzigen Zutaten, die das Fleisch härten würden.

Sie können die Zutaten ein paar Minuten oder eine halbe Stunde in der Marinade ziehen lassen – oder einfach so lange, bis Sie mit den anderen Zutaten fertig sind. Wenn Sie zu lange warten, verdeckt die Marinade das Aroma und verdirbt die Textur. Gemüse wird in der Regel nicht mariniert.

Blanchieren. Wenn Sie Gemüse in kochendes Salzwasser tauchen, wird es sauber und steril. Die festen Röschen von Brokkoli oder Blumenkohl können Keime und Insekten enthalten, die sich nicht herauswaschen lassen. Ein paar Tropfen Öl im kochenden Wasser stabilisieren die Farbe.

Einweichen. Getrocknete, gesalzene, eingelegte oder fermentierte Zutaten müssen Sie vor dem Kochen möglicherweise einweichen. Waschen Sie getrocknete Zutaten vorher, vor allem wenn Sie das aromatische Einweichwasser verwenden wollen.

Trockene Zutaten, die sich rasch dämpfen oder braten lassen, zum Beispiel chinesische Pilze oder Baumpilze (siehe Seite 92f), müssen Sie über Nacht einweichen. Wenn sie zu einem Gericht gehören, das lange gekocht, geschmort oder gedünstet wird, genügen zwei Stunden. Getrocknete Krabben weichen Sie vor dem Kochen 20 bis 30 Minuten ein. Das Einweichwasser ist sehr aromatisch. Sie können es abseihen und im fertigen Gericht oder für Suppen, Brühen, Reis oder Nudeln verwenden.

Gesalzene und eingelegte Zutaten profitieren vom Einweichen, weil dadurch ein Teil des strengen Geruchs und des Salzes entfernt wird.

Bambusblätter (siehe Seite 138 – 139) werden oft blanchiert, damit sie weich und steril werden.

Die drei Arten von getrockneten Pilzen (oben) werden durch Einweichen unterschiedlich groß (unten). Von links: getrocknete chinesische Pilze, Holzohren, Wolkenohren.

KOCHEN

Die verschiedenen chinesischen Kochmethoden nutzen die polare Energie von Yin und Yang. Alle Methoden – Dämpfen, Braten, Schmoren, Backen – werden entsprechend der Umwelt, der Jahreszeit und den gesundheitlichen Bedürfnissen angewandt.

Die einzigen Speisen, die nicht gekocht werden, sind Früchte. Ansonsten ist das Kochen das zuverlässigste Verfahren, um Nahrungsmittel von Bakterien zu befreien. Braten, Kochen und Dämpfen sind am beliebtesten. Sie sind im Zentrum des Yin-Yang-Spektrums angesiedelt, wobei Kochen und Dämpfen der nahrhaften

Yin-Energie etwas näherstehen. Jede Methode baut auf starke Hitze und schnelles Garen.

Das rauchende, heiße Öl überträgt Eisen auf das Essen und schützt die Nährstoffe. Weil die Hitze so groß ist, vor allem beim Pfannenrühren, werden die besten chinesischen Küchen regelmäßig gesäubert, um alle Spuren von Rauch und Fett zu entfernen.

Braten mit wenig Fett, Fritieren, Grillen und Rösten sind sehr beliebte Garmethoden. Die Gerichte sind schmackhaft, aber die lange, trockene Hitze zerstört viele Nährstoffe.

DAS YIN-YANG-SPEKTRUM

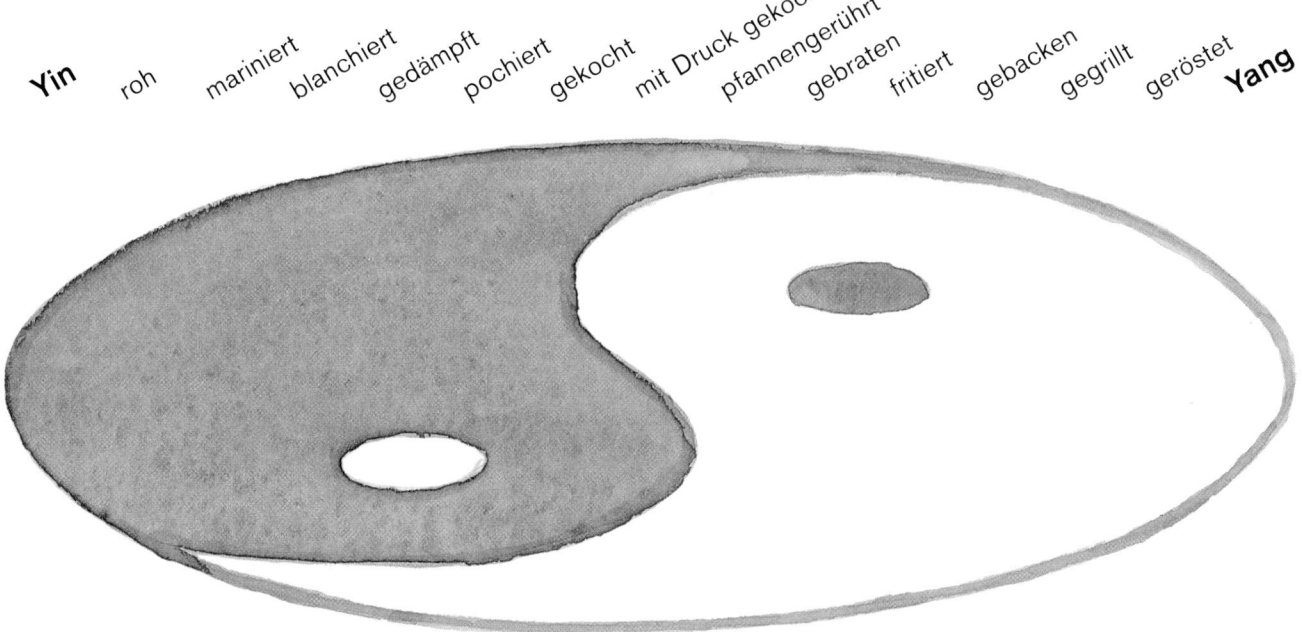

Yin — roh — mariniert — blanchiert — gedämpft — pochiert — gekocht — mit Druck gekocht — pfannengerührt — gebraten — fritiert — gebacken — gegrillt — geröstet — Yang

DER WOK

Um die Gerichte im vierten Teil zu kochen, brauchen Sie einen Wok und einen Dämpfkorb. Am besten kochen Sie über einer offenen Flamme, deren Hitze sich schnell regulieren läßt. Darum ist ein Gasherd zu empfehlen.

DER WOK

Ein Wok ist eine runde Pfanne mit schrägen Seiten. Ursprünglich war er für den traditionellen chinesischen Ofen bestimmt, der heute noch in ländlichen Gegenden Chinas benutzt und mit Holz beheizt wird. Der Wok paßt genau in eine runde Öffnung unmittelbar über der Flamme. Woks werden aus Eisen, Stahl oder Aluminium hergestellt. Der traditionelle Wok besteht aus Eisen oder Stahl. Beide Metalle halten starke Hitze aus und verteilen sie rasch über die ganze Unterseite.

Wok und Herd. Wenn Sie mit Gas kochen, ist ein traditioneller Wok mit rundem Boden gut geeignet. Sie können damit auch auf einem Elektroherd kochen; aber er erzeugt nicht die enorme Hitze und hat keine sofort regulierbare Flamme. Selbst im ultramodernen Hongkong kochen die Menschen lieber auf der Gasflamme.

Manche modernen Herde haben ein ultramodernes Glaskeramik-Kochfeld. Damit läßt die Hitze sich zwar schnell regulieren, aber die glatten Oberflächen sind für gekrümmte Pfannen wie den Wok ungeeignet. Wenn Sie dennoch solche Herde benutzen, sollten Sie sich einen gußeisernen, flachen Wok anschaffen. Dieser Typ ist erst seit kurzem auf dem Markt. Sie können auch eine große, schwere Bratpfanne mit tiefen Seiten oder eine breite, gußeiserne Kasserolle verwenden; beide haben eine große Fläche, die schnell und gleichmäßig heiß wird. Um die Wärme besser regulieren zu können, stellen Sie zwei Platten auf verschiedene Temperaturen ein und schieben die Pfanne hin und her.

Gönnen Sie sich einen echten Wok! Wenn Sie einen Elektroherd haben, sollten Sie versuchen, eine Möglichkeit zu finden, einmal auf einem Holzofen mit einem Loch in der Platte zu kochen.

Die Größe. Ein Wok mit einem Durchmesser von 35 Zentimetern reicht für eine Familie meist aus. Ein einzelner, langer Stiel ist für Anfänger besser geeignet als zwei Stiele. Der Stiel wird meist nicht heiß. Sie können ihn also in der einen Hand und gleichzeitig einen Pfannenheber in der anderen halten.

Der Wok ist eine Mehrzweckpfanne. Er eignet sich nicht nur zum Braten mit wenig Fett, sondern auch zum Pfannenrühren, weil die relativ kleine Ölmenge, die sich im runden Boden ansammelt, ziemlich tief ist. Wenn Sie einen Wok mit gut schließendem Deckel kaufen, können Sie damit pochieren, kochen, schmoren und dämpfen. Ein gewölbter Deckel mit 35 Zentimeter Durchmesser, am besten mit Holzgriff, paßt auf eine 28-cm-Pfanne.

Pflege. Wenn Sie einen traditionellen Wok aus Eisen oder Stahl kaufen, müssen Sie ihn vor Gebrauch reinigen. Waschen Sie ihn zuerst mit Seifenwasser, und reiben Sie ihn kräftig ab, um Maschinenöl zu entfernen, das benutzt wird, um das Metall nach der Herstellung zu beschichten. Trocknen Sie den Wok ab.

In China ist es üblich, den Wok anschließend zu erhitzen und mit fettiger Schweinehaut auf den Gebrauch vorzubereiten. Schneiden Sie die Haut in kleine Stücke, und braten Sie diese mindestens 5 Minuten – besser 10 – unter ständigem

Rühren. Entfernen Sie dann die Haut, und werfen Sie sie weg. Waschen Sie den Wok.

Sie können auch mit einem Pinsel etwas Pflanzenöl über die ganze Innenfläche des Woks verteilen. Stellen Sie ihn auf eine Platte mit niedriger Hitze, erhöhen Sie auf mittlere Hitze, und warten Sie 10 Minuten. Nehmen Sie den Wok dann vom Herd, wischen Sie ihn mit Küchenpapier aus, und wiederholen Sie den Vorgang ein- oder zweimal. Jetzt besitzt der Wok einen dünnen, nicht klebrigen, festgebackenen Ölmantel und ist bereit für den Gebrauch.

Reinigen. Bringen Sie etwas Wasser im Wok zum Kochen, und schrubben Sie ihn mit einer harten Bürste. Gießen Sie das schmutzige Wasser ab, und trocknen Sie den Wok sorgfältig. Benutzen Sie kein Spülmittel – es würde den Schutzmantel entfernen.

Mit der Zeit bildet sich ein nicht klebriger »Lack«. Trocknen Sie den Wok immer gut. Wenn er anfängt zu rosten, wird die Oberfläche zerstört. Am besten trocknet er, wenn Sie ihn 15 Sekunden stark erhitzen.

Es ist unbedenklich, wenn der Wok schwarz wird. Der moderne Mensch ist so besessen von glänzenden, neuen Oberflächen, daß ihn ein schwarzer Wok vielleicht abstößt. Wenn Sie ihn unbedingt polieren müssen, reinigen Sie nur die äußere Seite, und schützen Sie ihn vor Rost.

ZUBEHÖR

In chinesischen Supermärkten finden Sie Schöpflöffel mit langem Stiel, Schaumlöffel aus Draht und spezielle, lange Eßstäbchen aus Bambus. Manches ist für Restaurants bestimmt, aber für zu Hause gibt es einfachere Varianten.

Schöpflöffel. Einen Schöpflöffel brauchen Sie zum Abschöpfen und Pfannenrühren. Sie können auch einen langstieligen Pfannenheber benutzen.

Schaumlöffel. Er wird benutzt, um Zutaten aus dem kochenden Wasser zu holen. Beim Braten tropft das Öl schnell von ihm ab. Der Draht wird allerdings bald schwarz und ist schwer zu reinigen. In der Restaurantküche ist das kein Problem, weil er durch häufigen Gebrauch sterilisiert wird. Zu Hause ist ein flacher, perforierter Löffel aus rostfreiem Stahl eine gute Alternative.

Küchenstäbchen. Sie sind ein billiger, brauchbarer Schneebesen, mit dem Sie Eier in Suppen einrühren oder Zutaten anheben können. Dank ihrer glatten Oberfläche sind sie leicht zu reinigen und hygienisch.

Wokständer. Er hält den Wok im Gleichgewicht. Sie brauchen ihn, wenn Sie dämpfen, schmoren oder schonend braten wollen. Ein Ring mit 25 cm Durchmesser hat die richtige Größe für einen 35-cm-Wok. Kaufen Sie einen stabilen Ständer mit offenen Seiten, damit die Hitze frei zirkulieren kann und sich kein unverbranntes Gas ansammelt.

PFANNENRÜHREN

Diese Art des Bratens ist sehr gesund. Dank der einzigartigen Form des Woks brauchen Sie sehr wenig Öl. Das rauchende, heiße Öl schützt die Nährstoffe und sorgt für ein herrliches Aroma. Das dünne Metall hält eine starke, fast explosive Hitze aus.

Dies ist die beliebteste und zugleich schwierigste Garmethode in China. Ihr Ziel ist es, alles so rasch zu garen, daß es knackig bleibt.

Das richtige Öl

Verwenden Sie leichtes Öl, das nicht brennt – der Wok wird ungewöhnlich heiß! Kaltgepreßtes Öl ist bei großer Hitze instabil, und manche Öle haben einen strengen Geschmack, der das natürliche Aroma der Zutaten überdeckt. Am besten sind raffinierte Sonnenblumen-, Soja- oder Erdnußöle sowie andere Pflanzenöle. Erdnußöl ist am beliebtesten, weil es ein feines, rauchiges Aroma hat.

Grundlagen

Erhitzen Sie den Wok bei großer Hitze, gießen Sie Öl hinein, und wirbeln Sie es herum, bis es die ganze Fläche bedeckt.

Wenn das Öl fast zu rauchen beginnt, schütten Sie die Zutaten in der richtigen Reihenfolge hinein.

Schütteln Sie den Wok kräftig, und rühren Sie die kleinen Stücke ständig mit dem Pfannenheber oder Schöpflöffel um. Dadurch ist gewährleistet, daß alle Oberflächen der Zutaten mit dem heißen Wok in Berührung kommen und gleichmäßig garen, ohne zu kleben oder zu verbrennen.

Behutsamer rühren sollten Sie, wenn Sie Fisch braten, sonst löst er sich in winzige Stücke auf.

Gewürze und Blätter zum Garnieren werden gegen Ende des Bratens hinzugefügt, damit sie nicht den Geschmack der gebratenen Zutaten annehmen.

Im Uhrzeigersinn von oben links: Wok aus Edelstahl auf perforiertem Ständer, Wokdeckel, rostfreier, perforierter Schaumlöffel, traditionelles Drahtsieb, Kochstäbchen aus Bambus, Pfannenheber und Schöpflöffel.

Es geht los!

Ein gebratenes Gericht kann aus einem Gemüse mit etwas Gewürz bestehen. Das Gewürz verstärkt das Aroma oder sorgt für ausgewogene Energie (siehe »Spinat«, Seite 134, und »Pak Choi«, Seite 154). Gebratene Zwiebeln (siehe unten) sind im Haushalt der Lams besonders beliebt. Ausgeklügelte Gerichte finden Sie auf Seite 142 (»Schweinefleisch mit Kartoffeln«) und 149 (»Reisnudeln à la Singapur«).

ZWIEBELN, PFANNENGERÜHRT

4 mittelgroße Zwiebeln
die grünen Teile von 2 Frühlingszwiebeln,
fein gehackt
2 Teelöffel Öl
½ Teelöffel Worcestersoße
½ Teelöffel brauner Rohrzucker
ein paar Tropfen Tabascosoße

Zwiebeln schälen und vierteilen oder in dicke Scheiben schneiden. Den Wok bei großer Hitze erwärmen, Öl hineingießen und herumwirbeln, damit es die ganze Fläche bedeckt. Zwiebeln und Frühlingszwiebeln dazugeben und unter kräftigem Rühren 3 – 4 Minuten braten. Worcestersoße und Zucker dazugeben und eine weitere halbe Minute braten. Tabasco dazugeben und sofort servieren.

DER DÄMPFKORB

Gedämpfte Gerichte werden nach der Tradition in Dämpfkörben aus Bambus zubereitet. Diese geflochtenen, runden Körbe stehen aufeinander, und der obere hat einen Deckel. Man füllt den Wok mit kochendem Wasser und stellt den Dämpfkorb hinein. Der gerundete Boden des Woks paßt zu jedem Dämpfkorb, und dank des schrägen Randes ist es leicht, bei Bedarf Wasser nachzugießen.

Dämpfkörbe aus Bambus sind überall erhältlich. Sie haben einen Durchmesser von 10 – 40 cm. Die kleinen eignen sich für Dim Sum (Seite 116), die größeren für Fisch und Geflügel. Dank seines schönen Designs ist dieser handgeflochtene Dämpfkorb auch ein perfektes Serviergefäß.

Die richtige Größe. Der Dämpfkorb sollte mindestens 5 cm weniger Durchmesser haben als der Wok, damit er stabil steht und genügend Dampf einfängt. Sie können ein sauberes Geschirrtuch unten um den Dämpfkorb wickeln, damit der Dampf tatsächlich aufsteigt und nicht seitlich entweicht.

Manche Woks haben spezielle Einsätze zum Dämpfen (siehe nächste Seite). Sie sind nützlich, wenn Sie Kochgut auf einem großen Teller dämpfen wollen. Decken Sie in diesem Fall den Wok zu. Es ist schwierig, einen großen Teller aus dem Wok zu heben. Am besten verwenden Sie dafür eine »mechanische Hand« aus einem chinesischen Geschäft. Dieses geniale Gerät hat zwei oder drei verstellbare Arme, die Teller und Platten verschiedener Größe packen können.

Die Pflege des Dämpfkorbes. Um den Dämpfkorb zu reinigen, bringen Sie etwas Wasser im Wok zum Kochen, stellen die Einsätze hinein und lassen das Wasser weitere 5 Minuten kochen.

Anschließend hängen Sie den Dämpfkorb an einem luftigen Platz zum Trocknen auf. Legen Sie ein Kohlblatt oder einen Teller unter die Zutaten, die Sie dämpfen, damit diese nicht am Bambusgeflecht kleben bleiben und der Topf leichter zu säubern ist.

DÄMPFEN

Beim Dämpfen wird Wasserdampf verwendet, nicht die trockene Hitze eines Ofens. Dämpfen ist eine schonende Methode des Garens. Der heiße Dampf konserviert Texturen, Farben und Vitamine. Mit Dampf werden auch Brot und Teig zart und saftig. Die Feuchtigkeit dringt in den Teig ein und verhindert die Bildung einer harten Kruste.

Abgesehen von Auberginen und Tofu (Sojabohnenquark) werden Gemüse in China nicht gedämpft. Dampf macht Fisch zart und saftig. Frisch gefangener Fisch wird immer gedämpft; der Rest wird pfannengerührt.

Mit Dampf kann man auch vorgekochte Gerichte erhitzen, ohne daß sie austrocknen. Einerlei, was Sie dämpfen, achten Sie immer auf folgendes:

Benutzen Sie nicht mehr als zwei Einsätze gleichzeitig. Die Hitze in der dritten Etage ist nicht stark genug. Um Essen warm zu halten, können Sie drei Einsätze verwenden.

Das Wasser muß kochen, bevor Sie Zutaten in den Dämpfkorb geben. Das kochende Wasser darf nicht mit den Zutaten in Berührung kommen. Der Wasserspiegel sollte etwa 2½ cm unterhalb des Ständers oder Dämpfkorbes bleiben.

Decken Sie den Dämpfkorb immer zu.

Oben links: Wok mit Dampfeinsatz auf Wokständer. Sie können einen Teller mit Zutaten auf den Einsatz stellen und den Wok zudecken. Rechts: Bambusdämpfkorb mit zwei Ebenen und Deckel. Vorne: »mechanische Hand« für heiße Teller.

EINKAUF UND IMBISS

In China dreht sich das Leben um das Essen. Es ist ein wesentlicher Teil vieler gesellschaftlicher Rituale und kultureller Ereignisse. Geschäfte werden beim Essen abgeschlossen, und chinesische Bankette sind weltberühmt.

Vielleicht schätzen die Chinesen das Essen gerade deshalb so sehr, weil sie gelernt haben, unter harten Bedingungen – auch in Hungersnöten – zu überleben. Einfache, oft primitive Lebensverhältnisse haben das chinesische Essen zu dem gemacht, was es heute ist. Viele Nahrungsmittel werden getrocknet, eingelegt oder gesalzen, damit man sie unter fast allen Bedingungen das ganze Jahr über essen kann.

Wann immer es möglich ist, kaufen Familien und Köche aber täglich frische Zutaten. Das ist eine tief verwurzelte Gewohnheit, geboren aus der Notwendigkeit, ohne Kühlgeräte auszukommen und dennoch satt zu werden. Alle versuchen, möglichst frische Produkte zu kaufen. Manche Leute gehen zwei- oder dreimal am Tag einkaufen. Kein Wunder, daß Märkte für Chinesen in aller Welt heute noch eine wichtige Rolle spielen.

Auf jedem Markt gibt es verschiedene frische und getrocknete Imbisse und leichte Mahlzeiten. Straßenverkäufer bieten Suppen, Nudeln und

süße Brötchen an. Chinesen lieben Imbisse zwischen den Mahlzeiten.

Was die Menschen in China kochen, hängt davon ab, wo sie leben. Es gibt große regionale Unterschiede, die auf die klimatischen Verhältnisse zurückzuführen sind. Die Folge ist eine außergewöhnliche Vielfalt an Zutaten – vom Reis als Grundnahrungsmittel im Süden zu Weizen, Hirse und Gerste im kühleren Norden. In Szetschuan mit seinem feuchten Klima ist stark gewürztes Essen als Schutz vor Krankheiten üblich.

Ein chinesischer Supermarkt ist eine Welt für sich. Wenn Sie China, seine Kultur und seine Sprache nicht kennen, kommt Ihnen der Supermarkt zunächst vielleicht fremdartig vor. Da gibt es bunte Päckchen mit Etiketten, die nicht zu entziffern sind, mysteriöse Speisen in Kühltruhen und eine verwirrende Menge von Küchengeräten.

Dennoch ist die chinesische Küche im Grunde einfach. Wenn Sie ihre Methoden einmal kennen und wissen, welche Zutaten Sie brauchen, ist es einfach, zu improvisieren und mit Instinkt zu kochen. Diese Einfachheit ist der Schlüssel zu Ihrer Kreativität.

LICHT UND SCHATTEN

Nahrung, die im Freien in der Sonne wächst, unterscheidet sich von Produkten, die in der Erde oder im Dunkeln reifen. Die Schriftzeichen für »Yin« und »Yang« stellen einen Hügel in der Sonne und im Schatten dar, und je nachdem, wo ein Nahrungsmittel wächst, werden ihm Yin- oder Yang-Kräfte zugeschrieben.

Tierische Produkte, auch Eier, gelten als Yang. Sie werden oft kränklichen Menschen empfohlen, denen Yang-Energie fehlt.

Fische werden im Wasser von der Sonne beschienen, aber sie schwimmen auch in Flüssen und im Meer, also in den natürlichen Mulden der Erde. Daher sind ihre Yin- und Yang-Energien ziemlich ausgewogen. Fisch gilt deshalb als gesunde Kost für Menschen, die an einem Defizit der einen oder anderen Energie leiden.

Auch der Reis ist eine ausgewogene Nahrung. Er wächst in der Sonne, aber Hülsen schützen seine Körner vor ihren Strahlen. Diese moderate Energie macht den Reis zu einem vollkommenen Grundnahrungsmittel, das man mit allen Kostformen kombinieren und das ganze Jahr über essen kann. Brauner Reis ist, wie seine rötliche Farbe andeutet, mehr Yang als polierter Reis.

Der Teil eines Gemüses, der oberhalb der Erde wächst, ist meist Yang. Die Wurzeln gelten als Yin. Deshalb sind Wurzelgemüse wie Süßkartoffeln Yin, ebenso Bohnensprossen, die im Dunkeln keimen. Die Triebe der Frühlingszwiebel sind dagegen Yang.

Die meisten Früchte sind zwar reich an Wasser, aber sie reifen monatelang in der Luft und in der Sonne. Ihre Energie ist somit Yang.

陽

陰

Hüten Sie sich aber vor Vereinfachungen. Manche tierischen Produkte sind weniger Yang als andere. Ingwer und Knoblauch sind zwar Wurzeln, besitzen aber besonders viel Yang-Energie. Eine erfahrene Köchin berücksichtigt das alles, wenn sie eine Mahlzeit zubereitet, und auch die Rezepte in Teil vier spiegeln diese subtilen Aspekte wider.

DIE CHINESISCHE SPEISEKAMMER

SOJASOSSE. Helle und dunkle Sojasoßen werden für Marinaden, zum schnellen Braten und zum Würzen benutzt. Sie bestehen aus fermentierten Sojabohnen, Weizen und Wasser. Manchmal werden Salz, Zucker und Gewürze hinzugefügt, zum Beispiel Pilzextrakt. Dunkle Sojasoße ist stärker fermentiert als helle und schmeckt etwas süßer. Die helle Soße ist gewöhnlich salziger. Beide sind unbegrenzt haltbar.

AUSTERNSOSSE. Dieser Extrakt aus gekochten Austern wird mit Sojasoße, Salz und Gewürzen verfeinert. Da er nicht nach Fisch schmeckt, verwendet man ihn oft als Gewürz für Rindfleisch mit Nudeln. Stellen Sie die geöffnete Flasche in den Kühlschrank.

ROTER REISESSIG. Dieser leicht gewürzte, hellrote Essig wird aus fermentiertem Reis hergestellt und enthält viel weniger Säure als die meisten anderen Essigarten. Er verleiht einem Gericht eine leicht säuerliche Note und eignet sich auch als Tunke. Reisessig ist sehr gesund und im Sommer besonders wohltuend.

CHILISOSSE. Es gibt viele Arten von Chilisoßen. Wenn Sie einige probieren, finden Sie bestimmt eine, die Ihnen schmeckt. Sie können eine kleine Schale Chilisoße auf den Tisch stellen und als Knödeltunke benutzen oder, je nach Geschmack, damit Suppen oder Nudeln würzen.

DIE FÜNF GEWÜRZE. Dieses besonders aromatische Gewürzpulver ist ein Gemisch aus gemahlenem Sternanis, Fenchelsamen, Gewürznelken, Zimt und Ingwer. Man kann damit marinieren und Speisen während des Kochens würzen (siehe »Jown«, Seite 138 – 139).

KANDISZUCKER. Dieser Zucker hat große Kristalle. Er sieht schön aus und schmeckt köstlich süß. Statt Kandis können Sie auch natürlichen braunen Rohrzucker oder granulierten Zucker verwenden (siehe »Getrockneter Tofu mit Eiern«, Seite 135).

BRAUNER ZUCKER IN SCHEIBEN. Der braune Zucker wird zum Teil zu Tafeln raffiniert und dann in Stücke geschnitten. Die Farbe ist ähnlich wie beim braunen Zucker und beim Karamelzucker. Man verwendet ihn für Nachtische (siehe »Süßkartoffelsuppe«, Seite 125).

GETROCKNETE KRABBEN. Gesalzene und getrocknete Krabben (Shrimps) riechen streng. In kleinen Mengen können Sie damit Suppen und gedämpfte oder gekochte Speisen würzen. In chinesischen Geschäften werden sie in Plastikbeuteln verkauft. Suchen Sie nach Krabben in kräftigem Rosa. Wenn sie grau sind, ist ihre beste Zeit vorbei. Verschließen Sie die angebrochene Packung, und stellen Sie sie in den Kühlschrank. Vor der Verwendung die Krabben mindestens eine halbe Stunde lang in heißem Wasser einweichen oder über Nacht an einen kühlen Platz stellen (siehe »Gemüsekuchen«, Seite 119).

GETROCKNETE PILZE

Getrocknete Pilze aller Art sorgen in der chinesischen Küche für ausgeprägte Aromen, Farben und Texturen. In einem Glas mit Schraubverschluß halten sie jahrelang. Vor dem Kochen muß man sie mindestens zwei Stunden oder über Nacht in einer kleinen Schale mit warmem Wasser einweichen.

Getrocknete chinesische Pilze sind am beliebtesten. Sie werden in allen chinesischen Supermärkten in vielen Größen und Preisklassen verkauft. Mittelgroße Pilze werden besonders geschätzt, vor allem wenn ihr Hut einem Schildkrötenpanzer ähnelt.

*Im Uhrzeigersinn von oben links: brauner Zucker,
getrocknete chinesische Pilze, Holzohren, Wolkenohren, getrocknete Krabben, Kandis.*

Diese Pilze sind kernig und werden, wenn man
sie lange kocht, weich, fast so zäh wie Fleisch
(siehe »Hühnersuppe mit chinesischen Pilzen«,
Seite 130).

Chinesische Baumpilze. Es gibt zwei Arten von
schwarzen Pilzen: große, die meist Holzohren
genannt werden, und winzige Wolkenohren. Die
kleinen sind an einer Seite schwarz und an der
anderen pelzig beige; sie haben einen köstlichen,
süßlichen Geschmack. Die großen, billigeren
Holzohren sind an einer Seite schwarz und an
der anderen weiß. Holzohren bleiben ein wenig
knackig, wenn man sie kocht (siehe »Scharf-
saure Suppe«, Seite 150).

BRATÖLE

Für das Pfannenrühren eignen sich nur Öle,
die bei sehr hoher Temperatur stabil bleiben und
deren Geschmack nicht das Aroma der Zutaten
überlagert. Die besten Öle sind Erdnuß- und
Maisöl. Sie können aber auch gewöhnliches
Pflanzenöl, Sojaöl oder Sonnenblumenöl nehmen.
Sesamöl wird wegen seines feinen Geschmacks
verwendet, nicht so sehr zum Braten. Es genügt,
wenn Sie zum Schluß einige Tropfen in die Pfanne geben. Sesamöl verstärkt auch das Aroma
von Tunken.

MEHLE

Maismehl. Dieses Mehl macht Marinaden und
Soßen dicker. Allerdings wird die Soße trüb.
Wenn Sie eine klarere Soße vorziehen, ist Pfeil-
wurzelmehl oder Kartoffelmehl besser.

Reismehl. Traditionelles weißes Reismehl,
manchmal auch Reispulver genannt, erhalten Sie
in chinesischen Geschäften. Es ist viel leichter
als Weizenmehl und viel besser verdaulich, weil
es kein Gluten enthält.

Weizenmehl. Einfache, kräftige Weißmehle
sowie Mehle mit Backtreibmittel werden in der
chinesischen Küche sehr häufig für Brot und
Gebäck verwendet. Es gibt gedämpftes, helles
und weiches sowie pfannengerührtes, braunes
und knackiges Gebäck. Aus Weizenmehl wird
Knödelteig gemacht (siehe Seite 116). Man verwendet es auch für Nudeln (siehe Seite 96 – 97),
die neben dem Reis die Grundlage einer chinesischen Mahlzeit bilden. Vollkornmehl wird für chinesische Speisen kaum benutzt.

REIS

Reis ist in Südchina seit mindestens 3000 Jahren ein Grundnahrungsmittel. Dort heißt er »Fan«, was auch »Mahlzeit« bedeutet. Der Gruß »Hast du schon Reis gegessen?« ist weit verbreitet. Reis wird morgens, mittags und abends verzehrt. Manche Leute essen bis zu 450 Gramm Reis am Tag. Es gibt viele Sorten, darunter Langkornreis, Rundkornreis und Klebreis.

LANGKORNREIS ist am beliebtesten. Man kocht oder dämpft ihn als Beilage zu anderen Speisen. Reste werden kurz gebraten, um Gerichte wie »Gebratene Eier mit Reis« zu bereiten (siehe folgende Seite).

Aus **RUNDKORNREIS** macht man in Nordchina Reisbrei zum Frühstück (siehe Seite 128 – 129).

KLEBREIS hat rundere, perlenförmige Körner und muß vor dem Kochen eingeweicht werden. Nach dem Kochen ist er süß und sehr klebrig. Man ißt ihn allein, in Lotos- oder Bambusblättern gekocht, oder verwendet ihn für Füllungen und Nachtische. Außerdem wird Wein und Essig daraus hergestellt.

ROTER REIS mit seinen roten Hülsen wird zu Essig vergoren und mit Sojabohnen zu rotem fermentierten Tofu verarbeitet.

Zubereitung. Reis wird vor dem Kochen immer gewaschen, selbst wenn er fertig abgepackt ist. Das Waschen ist zu einem Ritual geworden, das den Beginn des Kochens hervorhebt. Man schüttet die erforderliche Menge Reis in eine flache Schale, die mit kaltem Wasser gefüllt wird, und verrührt das Wasser mit den Händen, bis Unreinheiten an die Oberfläche kommen. Dann gießt man das Wasser ab und wiederholt den Vorgang zweimal. Jetzt ist der Reis gebrauchsfertig.

Reis kochen. Es ist schwer, genau zu erklären, wie man Reis zubereitet. Wieviel Wasser er aufnimmt, hängt von der Sorte und vom Boden ab. Traditionell wird der Reis behutsam gekocht:

Waschen Sie den Reis (pro Person 60 – 150 g), und lassen Sie ihn abtropfen. Für eine Tasse Reis brauchen Sie 1½ Tassen (400 ml) Wasser.

Schütten Sie den Reis in eine große Pfanne. Gießen Sie das kalte Wasser dazu, und bringen Sie es bei großer Hitze zum Kochen. Das dauert etwa 5 Minuten. Kochen Sie ihn dann etwa 20 Minuten sanft bei niedriger Hitze, bis kein Wasser mehr zu sehen ist und in der Oberfläche kleine Krater auftauchen. Schalten Sie den Herd aus, und lassen Sie den Reis in seinem eigenen Dampf etwa 10 Minuten weiterkochen. Nehmen Sie während dieser Zeit nicht den Deckel ab.

Rühren Sie kochenden Reis nie um. Sie können ihn mit zwei Stäbchen kurz vor dem Servieren auflockern.

HEISSER TIP

In China hebt man das zweite oder dritte Wasser vom Reiswaschen auf und weicht darin streng riechenden Fisch ein. Das stärkereiche Wasser absorbiert den Geruch. Der Fisch wird dann vor dem Servieren gewaschen.

BEIDE REZEPTE ERGEBEN 4 PORTIONEN

HUHN MIT CHINESISCHEN PILZEN UND WURST

In diesem duftenden, sättigenden Gericht nimmt der Reis die Aromen aller Zutaten auf. Es ist üblich, aber nicht notwendig, Haut und Knochen des Huhns mitzukochen.

450 g Reis
600 g Hühnerschlegel oder Huhn ohne Knochen
2 – 3 kleine getrocknete chinesische Pilze pro Person
1 chinesische Wurst pro Person
1 cm geriebene Ingwerwurzel

Marinade für das Huhn:
2 Teelöffel Sojasoße
½ Teelöffel Salz
½ Teelöffel Zucker
2 Teelöffel Maismehl, aufgelöst in
2 Eßlöffel (30 ml) Wasser

Zum Garnieren:
gehackte Frühlingszwiebeln

Die Pilze waschen und in einer kleinen Schale mit warmem Wasser mindestens eine halbe Stunde einweichen (oder über Nacht in kaltem Wasser). Das Huhn in 1 cm große Stücke hacken oder schneiden. Die Würste in 1 cm große, diagonale Scheiben schneiden. Den Reis waschen und in eine große Pfanne mit schwerem Boden und Deckel oder in eine Kasserolle schütten. Kaltes Wasser hineingießen, bis es 2 cm über dem Reis steht. Das Wasser zum Kochen bringen und bei mittlerer Hitze weiterkochen lassen, bis der Reis das meiste Wasser absorbiert hat und sich auf seiner Oberfläche kleine Krater bilden.

Wurstscheiben, abgetropfte Pilze, Huhnstücke und Ingwer oben auf den Reis geben. Die Pfanne gut zudecken und die Hitze so niedrig wie möglich stellen. 15 Minuten kochen lassen, dann die Pfanne vom Herd nehmen, das Gericht mit Frühlingszwiebeln garnieren und die zugedeckte Pfanne weitere 10 Minuten stehenlassen.

Servieren Sie das Gericht aus der Pfanne. Wenn Sie den Deckel lüften, werden sich alle über das köstliche Aroma freuen.

GEBRATENE EIER MIT REIS

Ein köstliches Gericht aus Reisresten.

500 g gekochter Reis
1 Eßlöffel (15 ml) Öl
4 Eier
3 fein gehackte Frühlingszwiebeln
2 Teelöffel helle Sojasoße
Salz nach Geschmack

Die Eier mit etwas Salz schlagen. Den Wok erhitzen, 1 Eßlöffel Öl hineingeben und gründlich auf dem Boden verteilen, damit der Reis nicht klebt. Die Eier sehr kurz unter Rühren braten und auf einen Teller legen. Den Wok wieder erhitzen, den Reis hineinschütten und unter Rühren braten, bis die Körner sich voneinander lösen und heiß sind. Frühlingszwiebeln zufügen und umrühren.

Die Eier grob hacken und im Wok verrühren. Sojasoße hineingießen und 30 Sekunden umrühren. Das Gericht in eine vorgewärmte Schale füllen und servieren.

NUDELN

Nudeln wurden ursprünglich in Nordchina aus einfachem Weizenmehl gemacht. Heute sind sie im ganzen Land beliebt und werden auch aus Reismehl hergestellt. Man kann sie frisch oder getrocknet in vielen Sorten kaufen, von feinen Fadennudeln bis zu 1 cm breiten Nudeln. Wenn Sie mehr frische Nudeln kaufen, als Sie zum Kochen brauchen, können Sie den Rest einfrieren.

Kochen. Sie brauchen etwa 225 g* Nudeln für 2 – 4 Personen, je nach Appetit.

In einer großen Pfanne Wasser zum Kochen bringen, die Nudeln hineinschütten und das Wasser wieder zum Kochen bringen.

Selbstgemachte Nudeln sind in 3 – 4 Minuten gar, getrocknete Nudeln in 8 – 10 Minuten. Richten Sie sich nach der Anleitung auf der Packung.

Wenn Sie frische Eiernudeln kaufen, brauchen Sie sie nur 1 Minute zu kochen, weil sie bereits gekocht sind. Kosten Sie eine Nudel, um festzustellen, ob sie gekocht wurde. Sie sollte biegsam sein und durch und durch dieselbe Farbe haben.

Wenn Sie keine Nudelsuppe machen, spülen Sie die Nudeln nach dem Kochen und Abtropfen in kaltem Wasser und lassen sie erneut abtropfen, bevor Sie die Zutaten hineinmischen. Wenn Sie die Nudeln einige Zeit vorher gekocht haben, spülen Sie sie mit kaltem Wasser, um sie voneinander zu lösen.

---

* Die etwas ungewöhnlichen Mengenangaben sind durch Umrechnung der englischen Maßeinheiten entstanden. *(Anm. d. Ü.)*

BEIDE REZEPTE ERGEBEN 4 PORTIONEN

SELBSTGEMACHTE NUDELN

Man bekommt zwar in jedem Geschäft eine Fülle von Nudeln, aber es lohnt sich, sie selber zu machen. Sie werden von der Textur und vom Aroma frischer Nudeln entzückt sein – selbst wenn die Form nicht perfekt ist.

Verwenden Sie ein ungebleichtes, kräftiges Mehl aus biologischem Anbau. Sie brauchen eine große Schale, ein großes, mit Mehl bestäubtes Brett oder eine andere saubere Fläche und ein langes Nudelholz.

225 g Mehl
1 Teelöffel Salz
etwa 150 ml kaltes Wasser
1 Eßlöffel (15 ml) Öl

Das Mehl mit dem Salz in die Schale sieben. In der Mitte einen »Brunnen« machen. 1 Eßlöffel Wasser und das Öl hineingießen. Mit zwei Stäbchen umrühren und dabei Wasser in kleinen Mengen nachgießen, bis aus dem größten Teil des Mehls eine nicht zu klebrige Kugel geworden ist. Den Teig mit den Händen herausnehmen und auf das mit Mehl bestäubte Brett legen. Den Teig rhythmisch dehnen und klopfen, bis er glatt und elastisch ist (stecken Sie einen Finger hinein – der Teig ist fertig, wenn der Finger ein wenig zurückprallt). Den Teig mit einem feuchten Tuch zudecken und eine Stunde stehenlassen. Dann den Teig auf ein mit Mehl bestäubtes Brett legen und das Nudelholz ebenfalls mit etwas Mehl bestäuben. Die Teigkugel zu einem flachen Kreis formen und ausrollen. Dabei den Teig gelegentlich umdrehen, damit er nicht am Brett klebt. Wenn nötig,

Nudelholz und Brett mit Mehl bestäuben, aber nicht zuviel, damit der Teig nicht trocken und rissig wird. Wenn der Teig etwa 3 mm dick ist – aber nicht so dünn, daß er sich nicht mehr anheben läßt –, ein wenig Mehl darauf streuen und so lange falten, bis eine etwa 5 cm breite, flache Rolle entsteht. Den Teig mit einem scharfen Messer in Abständen von 6 mm zu Nudeln schneiden, diese behutsam mit den Fingern lösen und ein paar Minuten lüften. Anschließend 3 – 4 Minuten kochen.

NUDELSUPPE

Dies ist ein gutes Mittagessen. Sie können dafür selbstgemachte oder gekaufte Nudeln verwenden.

225 g Nudeln
115 g Schweinefleisch
2 mittelgroße getrocknete chinesische Pilze
175 g Pak Choi
1 Teelöffel Öl
¼ Teelöffel weißer Pfeffer

Marinade für das Fleisch:
2 Teelöffel helle Sojasoße
¼ Teelöffel Salz
¼ Teelöffel Zucker
1 Teelöffel Maismehl, gelöst in
1 Eßlöffel (15 ml) Wasser

Die Pilze waschen und in einer kleinen Schale mit warmem Wasser mindestens 30 Minuten einweichen. Reichlich Wasser in einer großen Pfanne zum Kochen bringen, die Nudeln hinein- schütten, das Wasser wieder zum Kochen brin- gen und die Nudeln zart kochen. Abgießen, mit kaltem Wasser spülen und erneut abgießen. Das Fleisch in dünne, etwa 2½ cm lange

Scheiben schneiden und in eine Schüssel mit der Marinade geben. Behutsam umrühren, bis die Scheiben einen Mantel haben.

Blätter des Pak Choi abrupfen, sorgfältig waschen und quer in Streifen schneiden.

Pilze aus dem Einweichwasser holen, die zähen Stiele abschneiden und wegwerfen. Den Rest in dünne Scheiben schneiden und zusammen mit dem Einweichwasser und 725 ml frischem Wasser in eine mittelgroße Pfanne geben. Zum Kochen bringen.

Das marinierte Fleisch hineinschütten, wieder zum Kochen bringen und 4 Minuten kochen lassen. Nudeln, Pak Choi und Öl dazugeben und erneut zum Kochen bringen. Pfanne vom Herd nehmen und einige Tropfen dunkle Soja- soße und den weißen Pfeffer in die Suppe sprenkeln. Die Suppe in eine vorgewärmte Schüssel gießen und servieren.

Schnelles Kochen macht den Pak Choi sehr knackig. Wenn er zarter sein soll, geben Sie ihn mit dem Fleisch in die Pfanne.

VARIANTEN

Anstelle des Schweinefleisches können Sie Huhn, Rindfleisch oder Krabben verwenden. Diese nur 2 Minuten kochen (oder bis die Farbe sich erkennbar ändert).
Ohne Fleisch schmeckt diese Suppe auch Vegetariern. Um sich zu wärmen, können Sie mehr Pfeffer verwenden.

BOHNEN UND BOHNENPRODUKTE

Bohnen bestehen fast nur aus Eiweiß und enthalten viel Vitamin B1. Jeder Kontinent hat seine eigenen Bohnen. Chinas Bohne ist die Sojabohne. Diese unscheinbare Bohne enthält eines der wenigen vollständigen pflanzlichen Proteine mit allen acht essentiellen Aminosäuren. In anderen Ländern macht man meist Bohneneintopf oder verarbeitet die Bohnen zu Mehl. In China wird die ganze Sojabohne verwendet – gekeimt, fermentiert oder getrocknet.

Sojabohnenmehl wird zum Backen, Sojaöl zum Kochen und zur Herstellung von Margarine verwendet. Sojamilch ist in Eiscreme und Tofu enthalten. Aus Sojabohnen kann man viele verschiedene Soßen machen, auch die bekannte Sojasoße (siehe Seite 92).

TOFU oder Sojabohnenquark wird aus gemahlenen gelben Sojabohnen und Wasser hergestellt. Er wird meist in kleinen Blöcken verkauft und hat eine ähnliche Textur wie Vanillepudding. Wenn man ihn mitkocht, nimmt er leicht das Aroma anderer Zutaten an. Tofu ist eine der vielseitigsten Zutaten der chinesischen Küche. Man kann ihn fritieren oder kurz braten, schmoren, kochen oder dämpfen. Er enthält viel Eiweiß, aber wenig Fett und Cholesterin. In den einzelnen Landesteilen Chinas findet man Tofu in vielen Formen: gesüßt, jung, alt, fermentiert, fritiert und so weiter.

FRISCHER TOFU wird in chinesischen Supermärkten auf quadratischen Holzbrettern verkauft, aber auch vakuumverpackt, damit er sich im Kühlschrank lange hält (achten Sie auf das Verfallsdatum).

FERMENTIERTER TOFU (oft »chinesischer Käse« genannt) wird in Gläsern verkauft. Die kleinen Würfel können weiß oder rot sein. Der rote Tofu enthält roten Reis und schmeckt strenger.

Den weißen bekommt man auch mit Chili. Alle Varianten werden in kleinen Mengen verwendet und machen das Gericht ungewöhnlich lecker. (Siehe »Geschmorter Tofu mit Lamm«, Seite 152, und »Pfannengerührter Spinat«, Seite 134.)

GETROCKNETE TOFUBLÄTTER werden hergestellt, indem man Sojabohnen und Wasser in großen Fässern siedet und die Haut vorsichtig abschöpft und vor dem Verpacken trocknen läßt. Die Blätter sind unterschiedlich dick. Manche sind papierdünn und werden zu Soße verarbeitet; aus den dickeren macht man »vegetarisches Fleisch«. (Siehe »Getrockneter Tofu mit Eiern«, Seite 135.)

GETROCKNETE TOFUSTANGEN. Man schiebt die Haut der Tofumasse auf eine Seite, bevor man sie herausholt und trocknet. Dadurch entstehen dicke, faltige Stangen. Sie werden für Gerichte verwendet, die eine etwas dichtere, zähere Textur haben sollen. (Siehe »Geschmorter Tofu mit Lamm«, Seite 152.)

FERMENTIERTE SCHWARZE BOHNEN sind in Salz konservierte schwarze Sojabohnen. Sie sind in der modernen chinesischen Küche sehr beliebt und der Hauptbestandteil der Schwarze-Bohnen-Soße. Man bekommt sie in Paketen oder Beuteln und wäscht sie vor Gebrauch. Hacken oder zerquetschen Sie die Bohnen mit Knoblauch oder Ingwer, bevor Sie sie in ein Gericht mischen; dadurch wird ihr einzigartiges, kräftiges Aroma frei, und Sie brauchen weniger Salz oder Sojasoße. In einem Glas mit Schraubverschluß sind sie unbegrenzt haltbar. (Siehe »Aubergine mit Schwarze-Bohnen-Soße«, Seite 143.)

MUNGBOHNEN. Diese winzigen, grünen Bohnen kann man keimen lassen und in pfannengerührte Gerichte mischen. Ganze, gekochte

Mungbohnen schmecken wunderbar; aber man verwendet sie auch halbiert. (Siehe »Jown«, Seite 138 – 139.)

MEHL aus Mungbohnen wird für Glasnudeln benutzt.

BOHNENSPROSSEN. Eine Handvoll Mungbohnen unter fließendem Wasser spülen und in ein hohes Glas schütten. Mit Wasser bedecken und über Nacht einweichen. Am nächsten Morgen die Bohnen in ein Sieb schütten und das Wasser abfließen lassen. Dann wieder in das Glas geben, dünn mit Musselin zudecken und in einen warmen, dunklen Schrank stellen. Das Musselin zwei- oder dreimal täglich abnehmen und die Bohnen mit lauwarmem Wasser spülen. Sie keimen in 4 – 5 Tagen und sind dann tischfertig.

Wenn Sie die Sprossen dann gut spülen und abtropfen lassen, können Sie sie 3 – 4 Tage im Kühlschrank aufbewahren. In allen großen Supermärkten können Sie auch frische Bohnensprossen kaufen. Meiden Sie Sprossen in Dosen – sie sind matschig und schmecken nicht frisch.

ADZUKIBOHNEN (ROTE BOHNEN). Diese winzigen Bohnen verwendet man oft für Nachtische. Rote-Bohnen-Paste aus gesüßten Adzukibohnen ergibt eine Füllung für gedämpfte Knödel, Kuchen und Gebäck.

Obere Bildhälfte, im Uhrzeigersinn von oben links: fermentierte schwarze Bohnen, getrocknete Tofublätter, fermentierter Tofu, getrocknete Tofustange, fermentierter roter Tofu und (Mitte) frischer Tofu. Untere Bildhälfte: Mungbohnen, Mungbohnensprossen, geschälte, gelbe Mungbohnen (halbiert), Adzukibohnen.

FRISCHE ZUTATEN

INGWER. Man sagt, Kanton habe drei Schätze: Mandarinenschalen, alten Ingwer und Reisstroh. Mandarinenschalen werden in vielen Arzneien als Katalysator verwendet. Mit Reisstroh wird der Herd beheizt, und man fertigt Dächer und Möbel daraus. Ingwer ist ein sehr gesundes, vielseitiges Gewürz, das die Energien von Yin und Yang ausbalanciert und in der chinesischen Küche häufig verwendet wird. Mit Ingwersuppe kuriert man einen Kater, Ingwersirup ist gut bei Schwächezuständen, Blähungen und Ödemen. Jungen Müttern gibt man pfannengerührten Ingwer mit Reis, damit sie sich schnell erholen.

Die Wurzel der Ingwerpflanze hat eine hellbraune Haut und sahnefarbenes Fleisch. Achten Sie auf eine glatte Haut. Wenn Sie Glück haben, können Sie jungen Ingwer kaufen – er ist weiß bis rosa und sieht sehr saftig aus. Man kann ihn als Gemüse essen. Er wird auch in Scheiben geschnitten und in Gläsern eingelegt (siehe »Rindfleisch mit Ingwer und Ananas«, Seite 132). In Folie verpackter Ingwer hält sich im Kühlschrank etwa zwei Wochen.

Zubereitung. In pfannengerührte Gerichte können Sie Ingwer mischen – in Scheiben, geschält, gehobelt oder gehackt. Als Gewürz in Gerichten, die lange kochen, schneidet man ihn in dünne Scheiben. Man würzt damit Suppen, Fleisch, Fisch, Meeresfrüchte, Süßigkeiten, Nachspeisen und Kuchen. (Siehe »Eierdessert mit Ingwer«, Seite 155.) Ingwer ist eine wichtige Zutat für pfannengerührtes Gemüse.

KNOBLAUCH. Diese vorzügliche Arzneipflanze wird in der chinesischen Küche seit Jahrhunderten verwendet. Kaufen Sie große, dicke Knollen mit weißer Haut. Die Zehen sollten eine rosa Haut haben. Sie können ganze, gehackte oder geschnittene Zehen verwenden. Bewahren Sie sie an einem kühlen, trockenen, hellen Platz auf.

Zubereitung. Lösen Sie ein paar Zehen ab. Wenn die Haut sich schwer entfernen läßt, klopfen Sie leicht mit der flachen Seite eines Hackbeils oder eines schweren Messers darauf. Das lockert die Haut, so daß sie sich lösen läßt. Knoblauch wird oft mit Frühlingszwiebeln, Ingwer, Krabbenpaste, fermentierten schwarzen Bohnen oder Chillies gemischt, um Soßen zu bereiten. Er ist auch in vielen pfannengerührten Gerichten enthalten.

FRÜHLINGSZWIEBELN. Das sind junge Zwiebeln mit weißer Knolle und langen, innen hohlen Blättern. Beide Teile werden verwendet, oft separat. Neben Ingwer und Knoblauch werden sie in der chinesischen Küche am häufigsten als frisches Gewürz verwendet. Kaufen Sie Frühlingszwiebeln mit üppigen grünen Blättern, die nicht welk sind. Sie halten im Kühlschrank 2 – 3 Tage.

Zubereitung. Schneiden Sie Wurzeln und beschädigte Blätter ab, und waschen Sie die Zwiebel gut. Frühlingszwiebeln werden oft gegen Ende des Pfannenrührens mit den Zutaten vermischt. Dann bleiben sie knackig und behalten ihre Farbe und ihren herrlichen Geschmack.

CHILLIES. Diese feuerroten Schoten gibt es in vielen Größen, von 4 bis 10 cm Länge. Die schärfsten Teile sind die weißen inneren Rippen und die flachen gelben Samenkerne; beides können Sie herausnehmen, wenn es Ihnen lieber ist. Andernfalls sollten Sie zunächst nur eine sehr kleine Menge verwenden, bis Sie herausgefunden haben, was Sie vertragen. Waschen Sie

hinterher die Hände, das Messer und das Brett, und berühren Sie auf keinen Fall die Augen und die Lippen.

Zubereitung. Schoten waschen, in dünne Scheiben schneiden und in Suppen (siehe »Scharfsaure Suppe«, Seite 150) oder pfannengerührte Gerichte geben. Ganze Schoten machen jedes Gericht scharf. Dann vor dem Servieren herausnehmen!

KORIANDER (CHINESISCHE PETERSILIE, CILANTRO).

Koriandergrün sieht wie glatte Petersilie aus, duftet und schmeckt aber kräftiger. Sie bekommen es in Supermärkten und chinesischen oder asiatischen Geschäften. Kaufen Sie dunkelgrüne Blätter. Gelbe Stellen verraten, daß der Koriander nicht frisch ist. Waschen Sie ihn gründlich, und lassen Sie ihn abtropfen. Wickeln Sie ihn locker in Küchenpapier, und bewahren Sie ihn in einem Plastikbeutel im Kühlschrank auf. So hält er sich mehrere Tage.

Zubereitung. Die chinesische Küche verwendet Koriander sparsam als Gewürz für Soßen und Füllungen oder zum Garnieren. Das rohe Kraut gilt als ungesund. Durch das Kochen verliert es seinen stechenden Geruch und Geschmack und hat dann ein leichtes Zitronenaroma. Es ist das klassische Gewürz für Fisch und Meeresfrüchte (siehe »Fischsuppe mit Koriander«, Seite 140 und »Frieden und Wohlbefinden für jung und alt«, Seite 151).

Von oben: Knoblauch, große Frühlingszwiebel, frischer Koriander, Chillies, frische Ingwerwurzel, junge Ingwerwurzel, eingelegter junger Ingwer.

PAK CHOI (BOK CHOY, PAKSOI). Dieser »chinesische Kohl« ähnelt dem Mangold und schmeckt auch ähnlich. Die Pflanze wird bis zu 50 cm hoch, wird aber meist jung (unter 20 cm) geerntet. Sie können auch sehr jungen Pak Choi kaufen, der kleiner als 12 cm ist. Die dunkelgrünen Blätter sind etwas kraus, aber glatt. Sie schmecken erdig und ein wenig süß. Die Stiele sind sehr knusprig und saftig. Pak Choi aus Shanghai sieht ähnlich aus, ist aber hellgrün. Er ist nicht so knackig und wird schneller gar. Im Kühlschrank hält Pak Choi etwa 3 Tage.

Zubereitung. Brechen Sie die Blätter vom Stiel ab, und waschen Sie sie gut. Entfernen Sie die langen Stiele großer Blätter. Rupfen Sie sehr große Blätter in handliche Stücke. Große Stiele brauchen mehr Garzeit als Blätter. Pak Choi hat Yin-Energie und wird daher mit Knoblauch und Ingwer pfannengerührt, entweder allein oder mit Fleisch. Man gibt ihn auch in Suppen. (Siehe »Pak Choi mit Knoblauch«, Seite 154 und »Nudelsuppe«, Seite 97.)

CHINAKOHL. Dieser Kohl ist überaus vielseitig und wird in pfannengerührten Gerichten und Suppen verwendet. In Nordchina mischt man ihn oft mit Schweinefleisch und füllt damit Knödel. Er nimmt leicht Aromen an und hat eine interessante Textur. Chinakohl ist in vielen Supermärkten erhältlich. Er kann lang und zylinderförmig oder kurz und plump sein. Alle Sorten haben eng anliegende, hellgelbe und gelblichgrüne Krausblätter. Sie sind knackig und schmecken süß. Meiden Sie Kohl mit kleinen schwarzen Flecken – er ist nicht frisch. Chinakohl hält sich 2 – 3 Wochen im Kühlschrank.

Zubereitung. Die benötigte Zahl von Blättern abbrechen, gut waschen, aufeinanderlegen und mit schwerem Messer oder Hackbeil in Streifen schneiden. Etwas schlaffe Blätter 30 Minuten in kaltem Salzwasser einweichen, damit sie knackiger werden. Dieser Kohl wird selten allein gegart, weil er fade schmeckt. (Siehe »Gemüsekuchen«, Seite 119.)

SPINAT. In China werden zwei Sorten Spinat angebaut, die eine in Wasser, die andere im Boden. Der Wasserspinat hat einen hohlen Stiel. Er ist heller als der bekanntere dunkle Spinat, und seine Blätter sind kleiner und spitzer. Für sehr aktive Menschen ist er nicht zu empfehlen, weil er die Muskeln verspannt. Man kocht ihn meist mit viel Knoblauch. Wenn Sie eine traditionelle, kühle und trockene Speisekammer haben, hält Spinat sich auf dem Boden recht gut. Im Kühlschrank verdirbt er rasch (siehe »Vorräte«, Seite 68 – 69).

Zubereitung. Gründlich waschen und durch Schütteln trocknen. Spinat »pur« schmeckt pfannengerührt gut. (Siehe »Pfannengerührter Spinat«, Seite 134.)

Im Uhrzeigersinn von oben links:
Pak Choi, Chinakohl, Langbohnen, Wasserspinat,
chinesischer Brokkoli, Süßkartoffeln,
Shanghai-Pak-Choi.

LANGBOHNEN (SCHLANGEN-, SCHNUR-BOHNEN).

Diese hell- oder dunkelgrünen Bohnen werden bis zu einem Meter lang. Sie sind sehr dünn und werden oft in Bündeln verkauft.

Zubereitung. Waschen und in kurze Stücke schneiden. Sie sind zart und schnell gar. Man kann sie mit fermentiertem Tofu oder Fleisch kurz in der Pfanne braten.

SÜSSKARTOFFEL.

Dies ist eine eßbare Knolle wie die gewöhnliche Kartoffel. Da sie auch in magerem, trockenem Boden wächst und sich gut hält, ist sie in Asien ein beliebtes Grundnahrungsmittel. Die Knollen sind rund oder wurstförmig, die Haut ist weiß, rot oder purpurn, das Fleisch weiß oder gelb. Die gelbe Sorte enthält viel Vitamin A und wird oft als Leckerei für Kinder kandiert. Kaufen Sie feste, glatte Knollen, und bewahren Sie sie an einem kühlen, trockenen Ort auf. (Siehe »Süßkartoffelsuppe«, Seite 125.)

CHINESISCHER BROKKOLI.

Er ist mehr einer purpurroten Sorte verwandt als unserem grünen Brokkoli. Er hat dunkle, olivgrüne Blätter und weiße Blüten; sein Geschmack ist bitter und erdig. Im Kühlschrank hält er sich etwa 3 Tage.

Zubereitung. Die Triebe in 7½ cm lange Stücke brechen. Wenn Sie normalen Brokkoli verwenden, den großen Kopf in kleine Röschen mit etwa 4 cm Durchmesser schneiden. Die Schale und die holzigen äußeren Fasern des Stiels entfernen und den Stiel in 6 mm dicke Scheiben schneiden. Die Stücke in leicht gesalzenes, kochendes Wasser streuen und ein Paar Tropfen Öl dazugeben. Den Brokkoli nach einigen Sekunden herausnehmen, abtropfen und abkühlen lassen, dann in der Pfanne kurz braten. Das Blanchieren säubert ihn und macht die Farbe haltbar.

BROKKOLI, PFANNENGERÜHRT

340 g chinesischer Brokkoli
4 Knoblauchzehen
6 mm Ingwerwurzel
1 Eßlöffel (15 ml) Öl

Den Brokkoli zubereiten wie beschrieben. Mit der flachen Seite eines Hackbeils oder schweren Messers auf jede Knoblauchzehe klopfen und die Haut entfernen. Den Ingwer in dünne Scheiben schneiden, stapeln und zerkleinern. Den Wok erhitzen, das Öl darin verteilen. Knoblauch und Ingwer dazugeben, 1 Minute bei großer Hitze unter Umrühren braten. Den blanchierten Brokkoli hineinschütten und weitere 3 Minuten braten. Mit einigen Tropfen Austernsoße oder einer Prise Salz würzen. Auf einem vorgewärmten Teller servieren.

Brokkoli wird meist pfannengerührt, entweder allein oder mit Fleisch oder getrockneten Pilzen. Manchmal finden Sie in chinesischen Geschäften gebündelte kleine Pilze mit winzigen Hüten und 10 cm langen, dünnen Stielen. Man nennt sie goldene Pilze, und sie gelten als Delikatesse. Auch diese Pilze können Sie mit Brokkoli zubereiten.

AUBERGINE. Die Aubergine stammt aus den asiatischen Tropen. Sie ist eiförmig (daher der Name »Eierpflanze«) oder gleicht einer dünnen Wurst. Ihre Farbe variiert von weiß bis purpurrot. Chinesische Sorten sind lang und dünn. Sie sind nicht so bitter wie die kurzen, plumpen Sorten im Westen und müssen daher vor dem Kochen nicht gesalzen werden. (Siehe »Aubergine mit Schwarze-Bohnen-Soße«, Seite 143.)

GRÜNER PAPRIKA. Diese Pflanze wird auf der ganzen Welt angebaut. Paprikaschoten enthalten viel Vitamin C und wirken entwässernd. Paprika eignet sich hervorragend für pfannengerührte Gerichte (siehe »Schweinefleisch mit grünem Paprika und Zwiebeln«, Seite 122).

ZUCKERERBSEN. Sie sind kleiner und rundlicher als andere Erbsen, aber ebenso süß. Sie bleiben knackiger, wenn man sie zubereitet, und halten sich gekühlt 4 – 5 Tage.

Zubereitung. Die Erbsenschoten waschen, ihre Enden und den sehnigen Faden auf dem Rücken entfernen. Pfannengerührt schmecken sie köstlich, allein oder mit Knoblauch oder Ingwer, ebenso mit Garnelen oder Fleisch. Sie

sind in 2 – 3 Minuten gar. Zuerst das Fleisch kochen und aus der Pfanne nehmen. Zuckererbsen, Knoblauch und Ingwer hineingeben und unter Rühren 2 Minuten braten. Dann mit dem Fleisch noch eine Minute braten.

WASSERKASTANIEN. Obwohl sie sehr beliebt sind, können Wasserkastanien der Gesundheit schaden. Die frischen sind für Frauen in den ersten Schwangerschaftsmonaten besonders gefährlich, und es ist nicht ratsam, sie während der Menstruation zu essen.

Wasserkastanien sind die Knollen eines Schilfgrases, das in Reisfeldern wächst. Frische Knollen haben oft Schlamm an der rotbraunen Haut. Gewaschen, geschält und roh verzehrt sind sie knusprig und ein wenig süß. Aus der Dose sind sie nicht so knackig. Frische Wasserkastanien ißt man am besten am Tag des Kaufs.

Zubereitung. Manchmal kocht man sie mit Lammfleisch, weil sie dessen strengen Geruch neutralisieren. Dosenware abgießen und in kaltem Wasser abspülen. Man kann sie mit Gemüse oder Fleisch in der Pfanne braten und nicht verwendete Reste, mit Wasser bedeckt, bis zu einer Woche lang im Kühlschrank aufbewahren.

BAMBUS. In ganz China und im Fernen Osten wird die Bambuspflanze vielfältig genutzt. Aus den Stielen werden Gerüste, Möbel, Kochgefäße, Wasserkellen, Pfeifen, Kleiderbügel, Eßstäbchen, Dämpfkörbe und Körbe hergestellt. Außerdem benutzt man sie als Meßstäbe und flicht aus gespaltenen Stielen Matten, Hüte und Gefäße aller Art. Die Blätter werden zum Dachdecken benutzt. In der Küche ist der Bambus ebenso vielseitig wie die Sojabohne. In getrocknete Blätter wickelt man köstliche gedünstete Gerichte aus Reis und Fleisch (siehe »Jown«, Seite 138 – 139). Die jungen Schößlinge sind für Pandas und Menschen Leckerbissen.

FRISCHE BAMBUSSPROSSEN sind im Westen selten und auch in China nicht das ganze Jahr über erhältlich. Man verwendet nur das cremefarbene, zarte Mark des Stiels. Es wird in Stücke geschnitten und 5 Minuten gekocht, um den bitteren Geschmack zu entfernen. Dann schneidet man es in Scheiben und kocht es erneut.

Bambussprossen sind angenehm knusprig und ein wenig süß. Man gibt sie in Suppen und pfannengerührte Gerichte. Bambussprossenstücke oder -scheiben werden auch in Dosen verkauft. Reste halten im Kühlschrank etwa 2 Wochen. Wechseln Sie das Wasser alle 2 Tage.

Zubereitung. Das Wasser abgießen und die Sprossen gut spülen. Vor der Verwendung im Rezept 2 Minuten in kochendem Wasser blanchieren. (Siehe »Scharf-saure Suppe«, Seite 150.)

FLEISCH

In China gelten nur wenige Tiere als nicht eßbar. Ochsen waren einst eine der seltenen Ausnahmen, weil sie eine Art Familienmitglied waren und für die harte Arbeit auf dem Feld gebraucht wurden. Jeder Teil eines Ochsen, von den Hörnern bis zu den Hufen, wurde verwendet. Aus den Hörnern machte man unter anderem Trinkgefäße, aus den Hufen Knöpfe. Die Knochen wurden zuerst gekocht, um eine Brühe zu bereiten, dann entfernt und zu kleinen Spielsachen oder Kämmen verarbeitet.

Heute ist Ochsenfleisch an manchen Orten kein Luxus mehr, und darum ist es in vielen Gerichten enthalten. Aber immer noch wird kein Teil eines Tieres vergeudet. Man schmort beispielsweise Hühner- oder Entenfüße in Knoblauchbrühe, bis man Haut und Fleisch von den dünnen Knochen saugen kann. Schweinebauch wird geröstet, gegrillt oder mariniert und für Füllungen fein gehackt. Die Fettschichten zwischen den mageren Muskelschichten machen dieses Fleisch zart und süß und verwandeln so ein billiges Fleischgericht in einen Leckerbissen.

Fleisch wird jeden Tag gekauft. Die kluge Köchin erkundigt sich, was der Metzger oder der Supermarkt frisch bekommen hat. Ihr kritisches Auge entdeckt die beste Qualität. Abgesehen von besonderen Anlässen ist ein großes Stück Fleisch jedoch nicht der Hauptbestandteil einer chinesischen Mahlzeit. Kleine, billige Fleischstücke werden kunstvoll mit Gemüse und leichten Gewürzen kombiniert und mit Reis oder Nudeln serviert. Reis oder Nudeln sind der wichtigste Teil des Mahles. Jede Person bekommt etwa 115 Gramm.

HUHN. Hühner sind in China sehr gefragt. Jedes Huhn wird lebend verkauft, damit man sieht, ob es gesund und jung ist. Geschmorte Hühnerfüße gelten als Delikatesse, und Hühnerblut wird in Suppen und pfannengerührte Gerichte gemischt. »Weiß gekochte« (pochierte) ganze Hühner werden delikat mit Ingwer gewürzt, kunstvoll in kleine Happen geschnitten und dann wieder zusammengesetzt. Ein Huhn wird meist mit Knochen gekocht, damit es nicht schrumpft und austrocknet. Zuerst schneidet man es jedoch in kleine Stücke. Die Flügel werden oft pfannengerührt, bis sie knusprig sind, und dann mit einer Mixtur aus Salz und Pfefferkörnern bestreut. Wer kein lebendes Huhn bekommt, sollte ein Freilandhuhn kaufen – es ist gesünder und schmackhafter. (Siehe die Rezepte auf Seite 120, 130 und 133.)

ENTE. In China reisen Entenverkäufer durchs ganze Land. Sie haben große Käfige mit lebenden Enten aufs Fahrrad gebunden. Um die berühmte Pekingente zuzubereiten, schlitzt man den Hals auf und bläst die Haut wie einen Ballon auf. Dann wird die Ente mariniert und an einem windigen Platz zum Trocknen aufgehängt. Dabei löst sich die Haut vom Fleisch, und die dicke Fettschicht unter der Haut schmilzt beim Kochen besser. Eine Pekingente wird traditionell in Form von drei Gängen aufgetragen. Zuerst kommt die knusprige, leckere Haut, serviert mit Mandarinenpfannkuchen, Frühlingszwiebeln und Pflaumensoße. Später verspeist man das geschmorte, zarte Fleisch als Delikatesse. Zum Schluß läßt man sich die Suppe aus den Knochen schmecken.

Links: zwei schöne Stücke Char Siu. Mitte: Wurst aus Schweinefleisch und Entenleber. Rechts: Wurst aus Schweinefleisch.

dieses süße und dezent gewürzte Fleisch in Spezialgeschäften. Vielleicht können Sie es in chinesischen Lebensmittelgeschäften kaufen, die sich auf geräuchertes und gegrilltes Fleisch spezialisiert haben. Man verwendet es in kleinen Mengen für Nudelgerichte und Suppen (siehe »Reisnudeln à la Singapur« und »Scharf-saure Suppe«, Seite 149 – 150).

Wenn Sie kein Char Siu kaufen können, nehmen Sie gut gewürzten Schinken oder gegrillte Reste vom Schwein als Ersatz.

CHINESISCHE WÜRSTE. Auf chinesischen Märkten bekommen Sie windgetrocknete Würste. Sie hängen paarweise an Schnüren und sehen aus wie plumpe, fleckige Gabelbeine. Man bekommt sie auch vakuumverpackt. Die Würste sind etwa 15 cm lang. Die rote oder rosa Sorte wird aus Schweinefleisch hergestellt, die dunkelbraune aus Schweinefleisch und Entenleber. Sie schmecken süß, weil sie Zucker und Salz enthalten, die sie haltbar machen. Man kann die ganzen Würste dämpfen, in Scheiben schneiden und in pfannengerührte und andere Gerichte mischen (siehe »Huhn mit chinesischen Pilzen und Wurst«, Seite 95, und »Gemüsekuchen«, Seite 119).

LAMM- UND ZIEGENFLEISCH. Dieses Fleisch wird eher im kalten Norden Chinas verzehrt. Man kocht es langsam, um eiweißreiche Mahlzeiten zu erhalten, die wärmen und den Magen beruhigen. Das Bauchfleisch vom Lamm ist sehr beliebt, vor

SCHWEINEFLEISCH. Dies ist das beliebteste Fleisch in China. In einem chinesischen Supermarkt finden Sie an der Fleischtheke eine große Auswahl an verschiedenen Stücken. Schweinebauch wird oft geschmort und für Füllungen gehackt. Übriggebliebene Rippenstücke werden für das beliebte Char Siu verwendet (siehe unten). Fein gehacktes Schweinefleisch kann man mit Congee mischen (siehe Seite 128). Es sorgt für ein pikantes Aroma und für wertvolles Eiweiß. Fette Stücke passen gut zu süßlichen Gerichten, die länger kochen, zum Beispiel zu gegrillten Rippchen. Klein gehackte, fette Stücke, gemischt mit klein gehackten Garnelen, werden oft gedämpft.

CHAR SIU. Dieses kantonesische gegrillte Schweinefleisch läßt sich zu Hause schwer zubereiten. In chinesischen Gemeinden bekommt man

allem für das Winterrezept »Geschmorter Tofu mit Lamm« (Seite 152).

RINDFLEISCH. Das körnige Rindfleisch bildet einen reizvollen Kontrast zu schlüpfrigen Nudeln, und sein Aroma wird von Soja- und Austernsoße gut abgerundet. Da Rinder große Tiere sind, haben sie lange Muskeln. Deshalb ist es um so wichtiger, gegen die Fasern zu schneiden, und zwar so dünn wie möglich, damit das Fleisch schnell zart und gar wird (siehe »Rindfleisch mit Ingwer und Ananas«, Seite 132).

FISCH UND MEERESFRÜCHTE

Chinas ausgedehnte Küstengewässer und Flüsse sind mit Meeres- und Süßwasserfischen reichlich gefüllt. Das Land hat eine außergewöhnliche Vielfalt an köstlichen Rezepten für Fisch und Meeresfrüchte zu bieten. In Restaurants, Hotels und Bankettsälen bekommt man gedämpften, mit heißem Öl beträufelten Fisch, frischen Hummer – gekocht, in Stücke geschnitten und wieder zusammengefügt – sowie andere Delikatessen wie gedämpften Aal, delikat mit Ingwer gewürzt. Abenteuerlustige Gourmets brauchen nicht lange zu suchen, um Lokale mit unendlich vielen exotischen Meerestieren und Gemüsesorten zu finden.

Selbst der frischeste Fisch wird verdorben, wenn er zu lange kocht. Die Chinesen haben das Problem perfekt gelöst: Sie dämpfen ihn behutsam und braten ihn kurz bei großer Hitze. Frischer Fisch wird immer gedämpft, damit das delikate Aroma erhalten bleibt. Kleine, zarte Fische werden dabei nicht beschädigt. Größere Fische mit festem Fleisch, zum Beispiel Kabeljau, schneidet man in Stücke, die mariniert und rasch gebraten werden, ohne zu zerfallen. Ölige Fische mit starkem Aroma dämpft man oft in Schwarze-Bohnen-Soße oder brät sie kurz und serviert sie mit einer anderen leckeren Soße, um den starken Geschmack auszubalancieren. Gefrorener oder nicht ganz frischer Fisch wird meist gekocht.

In China wird kein Teil des Fisches verschwendet. Wenn das Fleisch pfannengerührt wird, macht man aus dem Kopf und den Knochen eine Fischsuppe.

MEERESFRÜCHTE. Shrimps sind in der ganzen chinesischen Welt sehr beliebt und ideal für schnelles Garen. Man verwendet sie (ohne Schale und Adern) für Suppen sowie für pfannengerührte und gedünstete Speisen. Gefrorene Shrimps sind dafür kein guter Ersatz. Aber man kann sie viel leichter kaufen und zubereiten. Fein gehackte Krabben werden oft als Füllung für die beliebten Dim Sum verwendet.

GEPFLEGT SPEISEN

Einerlei, welches Fleisch oder welcher Fisch auf den Tisch kommt, ein Tranchiermesser ist nie notwendig. Es gilt als barbarisch, ein Messer auf den Tisch zu legen. Der ganze Vogel oder der ganze Fisch wird in der Küche vollständig zubereitet, sorgfältig in kleine Stücke geschnitten und dann kunstvoll zu seiner ursprünglichen Gestalt zusammengefügt.

Teil vier

DIE VIER

Jahres Z
E
I
T
E
N

DIE VIER JAHRESZEITEN

Die vier Jahreszeiten sind der Rhythmus des Yin und Yang. Die fünf Kreise auf der folgenden Seite symbolisieren diesen endlosen Strom.

Im mittleren Kreis ist der dunkle Bereich das Symbol der Yin-Energie. Die Energie des Yang wird von der hellen Hälfte symbolisiert. Am breitesten Ende der dunklen Fläche, wo Yin am stärksten ist, herrscht der Winter.

Wenn Sie der Linie des äußeren Kreises linksherum folgen, gelangen Sie zum dünnen Ende des hellen Teils. Dies ist der Beginn von Yang, der Frühlingsanfang.

Dann wird die Yang-Fläche nach oben hin breiter und erreicht ihre größte Kraft – es ist Sommer.

Dort, wo Yang am stärksten ist, beginnt der dunkle Bereich des Yin. Dies ist der Herbstanfang.

Bei allen Symbolen ist die Wirklichkeit, für die sie stehen, subtiler als eine zweidimensionale Abbildung. Wir wissen instinktiv, daß der Frühling bereits im Winter enthalten ist, lange bevor wir die ersten Sprossen im Schnee sehen. Wir spüren die Anwesenheit des Herbstes, selbst wenn wir vom Sommer umringt sind. Diese Tatsache symbolisieren der kleine weiße Yang-Kreis im dunklen Yin und der dunkle Yin-Kreis in der Fülle des Yang.

Zwischen Yin und Yang besteht keine lineare, sondern eine organische Wechselbeziehung. Das eine gebiert das andere. Sie sind zwar Gegensätze wie Nacht und Tag, doch das eine taucht aus der Energie des anderen auf. Lange bevor Yin oder Yang erscheinen, sind beide vorhanden und wachsen unsichtbar in ihrem scheinbaren Gegenteil. So verstanden sind Frühling

und Herbst Übergangsphasen zwischen dem Yin des Winters und dem Yang des Sommers.

Der Übergang von Yin zu Yang ist sehr bedeutsam. Er ist die Schnittstelle zwischen der hellen und der dunklen Hälfte. Diese Kurve ist die Energie der Erde, die allgegenwärtige, nährende Kraft, aus der alles Leben entspringt und zu der alles Leben zurückkehrt.

Die anderen vier Energien – Feuer, Metall, Wasser und Holz – sind ebenfalls gegenwärtig. Der Sommer ist die Jahreszeit der emporstrebenden Feuer-Energie. Die verdichtende Energie des Metalls manifestiert sich im Herbst. Die absteigende Wasser-Energie herrscht im Winter vor. Die expandierende Energie des Holzes charakterisiert den Frühling.

Erd-Energie ist während des ganzen Zyklus als stabilisierende Kraft vorhanden. Das wird vor allem im letzten Teil jeder Jahreszeit deutlich, wenn die Energie ein neues Muster bildet.

Die vier Kreise, die das Symbol in der Mitte umgeben, enthalten den Schlüssel zur Ernährung im Einklang mit den Jahreszeiten und werden in den Einführungen zu den Rezepten erläutert.

In jedem der vier Abschnitte finden Sie ein Frühstück, eine Suppe, einige Hauptgerichte und ein Dessert. Sie können sich ein Gericht pro Mahlzeit aussuchen oder ein Mahl aus drei Gängen zubereiten. Natürlich dürfen Sie Zutaten durch andere ersetzen und müssen sich nicht auf die folgenden Rezepte beschränken. Sie können jederzeit eine Speise hinzufügen, die der Jahreszeit entspricht.

SOMMER

HERBST

FRÜHLING

WINTER

FRÜHLINGSREZEPTE

Wenn die Fülle des Yin sich in Yang verwandelt, befinden wir uns in einer Übergangsphase. Dies ist der Frühling, der die Natur aus dem Winter in den Sommer führt. »Im Frühling«, sagt der Arzt des Gelben Kaisers, »soll der Puls des Magens fein und zart wie die Saiten eines Instruments sein. Dann ist er gesund und ausgewogen.« Er warnt: »Krankheiten, die der Frühlingswind verursacht, stören die Verdauung im Sommer.«

Der Frühling ist die Jahreszeit des Wachstums. Die Natur öffnet sich und expandiert. Wir spüren den Wandel im Körper. Die Schlaffheit des Winters ist vorbei, die kalten, durchdringend feuchten Monate liegen hinter uns. Wir schöpfen neue Energie.

Der kleine Kreis unten links am großen Yin-Yang-Symbol sagt uns, was wir jetzt brauchen. Im Winter, der Zeit des stärksten Yin, aßen wir eine Kost, in der Yang überwog. Nun, im Frühling, geht es auf den Sommer zu, den Gipfel der Yang-Energie. Dann werden wir Speisen essen, in denen Yin dominiert. In den Frühlingsmonaten bereiten wir uns sorgsam auf diesen Wandel vor und kochen Mahlzeiten, in denen Yin und Yang ausgewogen sind. Darum hat auch der kleine Kreis eine helle und eine dunkle Hälfte.

Die Energie, die wir im Winter gespeichert haben, wird im Frühling frei. Der Körper braucht das Fett nicht mehr, mit dem er sich vor der Kälte schützte. Der Frühling ist also keine Jahreszeit für fette Speisen, sondern eine Zeit der inneren Reinigung, eine Zeit für Suppen, die unsere Organe entschlacken und die Gelenke lockern.

Die Rezepte in diesem Abschnitt helfen dem Körper, die Wintermonate hinter sich zu lassen und sich auf die Energie des Sommers vorzubereiten.

ALLE REZEPTE ERGEBEN 4 PORTIONEN

DIM SUM

Diese herrlichen gefüllten und gedämpften Knödel können Sie jederzeit und in jeder Jahreszeit essen. In Hongkong servieren viele Restaurants nur Dim Sum mit einer erstaunlichen Vielfalt von Füllungen. Zu Hause werden sie nicht zubereitet, weil sie besondere Fertigkeiten voraussetzen. Die Köche werden eigens dafür ausgebildet. Suchen Sie in der Kühltruhe chinesischer Supermärkte nach abgepackten Dim Sum mit verschiedenen Füllungen. Pro Person brauchen Sie 4 – 6 Knödel.

Zubereitung. Die Dim Sum aus der Gefriertruhe nehmen, über Nacht im Kühlschrank auftauen lassen und zum Frühstück essen. Für einen Imbiß am Nachmittag die Knödel auf einen Teller legen und 1 Stunde bei Zimmertemperatur auftauen lassen.

Dim Sum dämpft man am besten in einem Dämpfkorb aus Bambus (siehe Seite 86): In jedes Stockwerk ein Kohlblatt legen und die Knödel so darauf verteilen, daß sie viel Platz haben. Das Kohlblatt verhindert, daß sie am Topf festkleben.

Wenn das Wasser im Wok kocht, den Dämpfkorb hineinstellen und etwa 12 Minuten warten. Zur Probe mit einem Metallspieß in den dicksten Teil eines Knödels stechen. Bleibt der Spieß sauber, sind die Knödel gar.

Man serviert Dim Sum in einem Dämpfkorb aus Bambus, der auf einer Platte steht.

GEDÄMPFTE SCHWEINEKLÖSSE

Diese Klöße gelingen zu Hause ohne Mühe. Man kann sie dämpfen oder braten (siehe »Variante«, nächste Seite). Servieren Sie sie mit einer Tunke aus rotem Reisessig oder Chiliöl (siehe »Dips«, nächste Seite). Wieviel Wasser Sie brauchen, hängt davon ab, welche Menge das Mehl absorbiert. Die hier angegebene Menge ist nur ein Anhaltspunkt. Dieses Rezept ergibt 48 – 56 Klöße.

Für den Teig:
280 g ungebleichtes Mehl
etwa 175 ml kaltes Wasser

Für die Füllung:
225 g nicht zu mageres Schweinefleisch
450 g Chinakohl
7 Frühlingszwiebeln
2 Teelöffel Salz

Für die Marinade:
½ Teelöffel Salz
½ Teelöffel Zucker
2 Teelöffel (10 ml) helle Sojasoße
2 Teelöffel (10 ml) Öl
1 Teelöffel Maismehl, gemischt mit
1 Eßlöffel (15 ml) Wasser

Zuerst den Teig herstellen. Das Mehl in eine große Schüssel geben, sehr langsam das Wasser hineingießen und umrühren, bis das Mehl Streifen bildet, die aneinanderkleben. Daraus eine grobe Kugel bilden (sie sollte feucht, aber nicht zu klebrig sein). Den Teigball auf ein mit Mehl bestäubtes Brett legen und kneten, bis er glatt und elastisch ist. Mit einem sauberen, feuchten Tuch zudecken und 1 Stunde stehenlassen.

Die Blätter vom Kohlkopf brechen, gut waschen und aufeinanderlegen. Mit einem großen Messer oder Hackbeil sehr fein schneiden, dann grob hacken. In eine Schüssel geben, mit dem Salz bestreuen und 20 Minuten stehenlassen.

Das Schweinefleisch mit einem Hackbeil fein hacken oder durch den Fleischwolf drehen. In eine Schüssel geben und die Marinade hinzufügen. Gut verrühren.

Die Frühlingszwiebeln waschen und die Wurzeln abschneiden. Grüne und weiße Teile in dünne Scheiben schneiden.

Den Kohl in ein Sieb schütten und die Blätter trockenschleudern. Zusammen mit dem Fleisch und den Frühlingszwiebeln in einer Schüssel gut vermengen.

Den Teigball in vier gleiche Teile schneiden, jeden Teil mit den Handflächen zu einer langen Wurst rollen und diese in 12 – 14 Stücke schneiden. Jedes Stück zwischen den Handflächen schnell zu einer kleinen Kugel rollen. Ein Nudelholz mit Mehl bestäuben und jede Kugel zu einem Kreis mit ungefähr 7 cm Durchmesser ausrollen.

Einen Teigkreis in die Handfläche legen, etwa 1½ Teelöffel Füllung in die Mitte geben. Die Hand leicht schließen und mit der anderen Hand die Kanten des Teiges zusammendrücken. Dann in den geschlossenen Rand Wellen drücken, um ihn fester zu schließen und die Knödel attraktiver zu machen.

Anschließend die Knödel in drei Schichten 8 – 10 Minuten dämpfen, jeweils 5 – 6 Stück auf jeder Ebene des dreistufigen Bambusdämpfkorbes. Anschließend auf eine vorgewärmte Platte legen und servieren.

DIPS

Roter Reisessig hat ein mildes, süßes Aroma. Gießen Sie etwa 3 Eßlöffel (45 ml) in eine kleine Soßenschale. Auch Chiliöl ist eine gute Tunke. Sie ist in chinesischen oder anderen asiatischen Supermärkten erhältlich.

VARIANTE

Sie können die Klöße auch so zubereiten: Eine große Bratpfanne mit Deckel und schwerem Boden erhitzen, 2 Eßlöffel (30 ml) Öl hineingeben und auf dem ganzen Boden verteilen. Dann die Pfanne so mit den Klößen füllen, daß sie sich gerade noch berühren. Die Pfanne zudecken und 3 Minuten braten. Die Hitze reduzieren und die Pfanne etwa 1 cm hoch mit heißem Wasser füllen. Erneut zudecken und bei großer Hitze etwa 8 Minuten kochen. Die Klöße sollten unten goldbraun sein und das Wasser absorbiert haben. Auf einer vorgewärmten Platte servieren.

FRÜHLINGSZWIEBELKUCHEN

Vielleicht kommt Ihnen dieses Rezept langwierig vor; aber es ist ganz einfach – und außerdem ist es eine gute Übung, morgens Teig zu kneten. Der Kuchen ist eine vorzügliche Beilage zum Congee. Man ißt ihn am besten sofort.

Es ist schwer zu sagen, wieviel Wasser Sie brauchen, da die Menge vom Mehl abhängt. Die hier empfohlenen Mengen ergeben 4 Portionen.

**280 g ungebleichtes Mehl
240 ml sehr heißes Wasser
8 Frühlingszwiebeln, fein gehackt
1 Teelöffel Salz
Öl zum Braten**

Sie brauchen eine mittelgroße, hitzebeständige Schüssel, ein mit Mehl bestäubtes Brett oder eine andere saubere Fläche und ein Nudelholz.

Das Mehl in die Schüssel schütten, etwas heißes Wasser hineingießen und kräftig umrühren, bis das Mehl kleine Klumpen zu bilden beginnt. Damit fortfahren, bis ein großer Klumpen entsteht, der nicht klebrig sein sollte.

VARIANTE
Wenn Sie ein kräftigeres Aroma vorziehen, können Sie vor den Zwiebeln fein gehacktes Fett vom Schweinebauch in die Pfanne geben.

Den Teig auf ein mit Mehl bestäubtes Brett legen und rhythmisch kneten, bis er sehr glatt und elastisch ist (nach etwa 5 Minuten). Zurück in die Schüssel legen und mit einem feuchten Tuch bedecken, damit die Oberfläche nicht hart und trocken wird. Eine halbe Stunde stehenlassen.

Den Teig in vier Teile schneiden, ein Stück wegnehmen und zwischen den Handflächen zu einer Kugel rollen. Mit dem Nudelholz etwa 3 mm dick kreisförmig ausrollen.

Die Oberfläche des Teiges mit Öl bestreichen, aber 13 mm Rand trocken lassen. Gleichmäßig mit Salz und ein wenig gehackten Frühlingszwiebeln bestreuen.

Den Teig behutsam zu einer langen Wurst aufrollen und daraus eine Spirale formen. Diesen Vorgang mit dem nächsten Teigstück wiederholen und die zweite Spirale auf die erste legen. Dann mit dem Nudelholz oder den Handflächen leicht abflachen, so daß der Kuchen etwa 13 mm dick ist.

Ebenso mit den beiden übrigen Teigklumpen verfahren und daraus einen zweiten Kuchen machen.

Den Wok erhitzen und 6 mm Öl hineingießen. Einen Kuchen hineinlegen und bei mittlerer Hitze eine Seite goldbraun braten. Umdrehen und die andere Seite braten. Mit einem Schaumlöffel herausholen und auf Küchenpapier abtropfen lassen. Den Kuchen schneiden und servieren, solange er heiß und knusprig ist. Der erste Kuchen ist wahrscheinlich verspeist, ehe der zweite gar ist.

GEMÜSEKUCHEN

Dieser ungewöhnliche Kuchen ist eine Art gedämpfter, schmackhafter Pudding – leicht, nahrhaft und gut verdaulich. Nichtvegetarier können getrocknete Shrimps und chinesische Wurst hinzufügen.

Für dieses Rezept brauchen Sie einen großen, flachen, hitzebeständigen Teller in einem großen Dämpfkorb. Sie können auch zwei flache Kastenformen à 450 g oder Aluformen nebeneinander in einen großen Dämpfkorb stellen.

3 – 4 getrocknete chinesische Pilze
25 g getrocknete Shrimps nach Belieben
875 ml Wasser
450 g Chinakohl
4 Teelöffel Salz
1 chinesische Wurst nach Belieben
1 – 2 Frühlingszwiebeln, nur grüne Teile
1 Eßlöffel (15 ml) Öl
1 Eßlöffel Zucker
1 Eßlöffel Salz
2 Eßlöffel (30 ml) dunkle Sojasoße
½ Teelöffel weißer Pfeffer
einige Tropfen Sesamöl
225 g Reismehl

Pilze und Shrimps in eine mit 175 ml Wasser gefüllte Schüssel geben und einweichen, am besten über Nacht.

Blätter vom Kohlkopf lösen und gut waschen. Aufeinanderlegen und quer in schmale Streifen schneiden.

700 ml Wasser in einer Pfanne zum Kochen bringen, den Kohl und 4 Teelöffel Salz hineingeben, zudecken und 5 Minuten bei geringer Hitze kochen. Vom Herd nehmen und beiseite stellen. Nicht abgießen – das Wasser wird noch gebraucht.

Pilze und Shrimps aus der Schüssel nehmen und Einweichwasser aufheben. Die holzigen Stiele der Pilze wegwerfen und die Köpfe in dünne Scheiben schneiden.

Auch die Wurst in dünne Scheiben schneiden und die Frühlingszwiebeln fein hacken.

Den Wok erhitzen, 1 Eßlöffel Öl hineingeben und verteilen. Die Wurstscheiben dazugeben und bei großer Hitze kurz braten. Anschließend Shrimps und Pilze hineinschütten und bei großer Hitze kurz braten, bis sie aromatisch duften. Dann den Wok vom Herd nehmen.

Das Wasser von den Pilzen und Shrimps zu dem Kohl und seinem Wasser in die Pfanne geben. Wurst, Pilze und Shrimps sowie Zucker, Salz, Sojasoße, Pfeffer und ein paar Tropfen Sesamöl dazufügen.

Kurz stehenlassen, dann langsam das Reismehl darüber streuen und mit zwei Stäbchen ständig umrühren, bis alles Mehl absorbiert und die Flüssigkeit weiß und dick ist. Dann die Frühlingszwiebeln einrühren.

Das Gemisch in einen großen, flachen, eingeölten Teller oder in zwei Formen geben, mit Alufolie zudecken und 1 Stunde dämpfen (siehe Seite 86). Mit einem Stäbchen prüfen: Wenn es sauber bleibt, ist der Kuchen fertig. Auf eine Platte legen oder in Stücke schneiden und vom Teller oder Blech servieren.

Dieses Rezept paßt gut zum »Frühlingszwiebelkuchen« (Seite 118), zu Nudeln oder zu »Congee« (Seite 128). Der Kuchen hält sich im Kühlschrank 2 – 3 Tage. Die Stücke dann herausnehmen und beide Seiten leicht braten. Mit Hoisinsoße oder Chilisoße servieren.

HÜHNERSUPPE MIT SÜSSMAIS

Dies ist ein hervorragendes Beispiel dafür, wie die Chinesen mit neuen Zutaten ein köstliches Gericht kreieren. Vor allem Kinder lieben sein sahniges Aroma. Die Suppe mit Süßmais aus der Dose ist schnell fertig. Sie können auch ganze Süßmaiskörner hacken oder frische oder gefrorene Körner verwenden.

1 Hühnerbrust ohne Haut und Knochen

Für die Marinade:
1 Prise Salz
1 Teelöffel helle Sojasoße
1 Teelöffel Maismehl, aufgelöst in
1 Eßlöffel (15 ml) Wasser

225 – 300 g Süßmais
1 kleines Ei
850 ml Wasser
1 Teelöffel Salz
1 Prise weißer Pfeffer

VARIANTEN
Probieren Sie dieses Rezept auch mit Krabben, Garnelen oder Fisch in Scheiben anstelle des Huhns. Vegetarier können Tofu verwenden. Etwas Maismehl, vermischt mit kaltem Wasser, macht die Suppe dicker. Geben Sie es vor dem Ei hinein.

Das Huhn fein hacken und die Stücke in eine Schüssel geben. Marinadezutaten hinzufügen, gut umrühren und das Ganze ziehen lassen, während Sie sich den anderen Zutaten widmen.

Die ganzen Maiskörner grob hacken (gefrorene Körner vorher auftauen) und dann das Ei mit etwas Salz in einer Schüssel schlagen.

850 ml Wasser in einer Pfanne zum Kochen bringen, den Süßmais mit 1 Teelöffel Salz dazugeben und das Ganze erneut zum Kochen bringen.

Nun das marinierte Hühnerfleisch hineingeben, das Gemisch wieder zum Kochen bringen und gut umrühren, damit das Fleisch aufbricht. Mindestens zwei Minuten kochen, bis alle Hühnerstücke weiß sind. Hitze abstellen und mit Stäbchen kreisförmig umrühren. Dabei langsam das Ei hineingleiten lassen, so daß es in langen Fäden kocht.

Pfanne vom Herd nehmen, kurz stehen lassen und den Inhalt dann in eine vorgewärmte Schüssel füllen. Mit etwas weißem Pfeffer bestreuen und servieren.

Oben links: Frühlingszwiebelkuchen. Oben rechts: Gedämpfter Fisch mit Ingwer und Frühlingszwiebeln. Unten rechts: Gemüsekuchen. Unten links: Schweinefleisch mit grünem Paprika und Zwiebeln. Mitte: Süßkartoffelsuppe.

SCHWEINEFLEISCH MIT GRÜNEM PAPRIKA UND ZWIEBELN

Dieses Rezept paßt am besten in die Frühlingszeit, wenn der Körper leichter werden will. Den Winter über waren wir weniger aktiv, und wahrscheinlich hat sich Wasser im Gewebe angesammelt. Der grüne Paprika und die Zwiebel haben eine leicht entwässernde Wirkung. Anstelle des Schweinefleisches können Sie auch Huhn, Rindfleisch, Garnelen oder Fisch nehmen. Wenn Sie möchten, mischen Sie ein paar Chilischeiben in die schwarzen Bohnen und den Knoblauch.

675 g Schulter, Haxe oder Filet vom Schwein, ohne Knochen

Für die Marinade:
2 Teelöffel (10 ml) helle Sojasoße
½ Teelöffel Zucker
1 Prise Salz
1 Teelöffel Maismehl, aufgelöst in
1 Eßlöffel (15 ml) Wasser
einige Tropfen Öl

2½ Eßlöffel (40 ml) Öl
100 – 150 g grüner Paprika
3 Eßlöffel (45 ml) Wasser
1 frische rote Chilischote, in Scheiben geschnitten
1 mittelgroße Zwiebel
½ Teelöffel fermentierte schwarze Bohnen
(25 – 30 Bohnen)
5 – 6 Knoblauchzehen

Das Schweinefleisch mit dem Hackbeil oder einem scharfen Messer so dünn wie möglich schneiden (das ist leichter, wenn es eine halbe Stunde in der Gefriertruhe gelegen hat) und in eine Schüssel geben. Marinade hinzufügen, gut umrühren und beiseite stellen.

Die Paprikaschoten durch den Stiel halbieren, Stiele und Samen entfernen und die Schoten waschen. Die Hälften halbieren, die Teile erneut halbieren usw., bis die Stücke 2½ cm groß und quadratisch sind.

Die Zwiebel durch die Wurzel halbieren, die Wurzel abschneiden und die Schale entfernen. Jede Hälfte der Länge nach in 3 Teile schneiden und diese Teile halbieren.

Den Wok erhitzen, 1½ Eßlöffel (23 ml) Öl hineingießen und gut verteilen. Bei großer Hitze das Schweinefleisch dazugeben und 2 – 3 Minuten unter Rühren braten. Dann das Fleisch mit einem Schaumlöffel herausholen und auf einen Teller legen.

1 Eßlöffel Öl in den Wok gießen, Hitze reduzieren und schwarze Bohnen, Chilischeiben und Knoblauch hineinstreuen. Kurz unter Rühren braten, dann Paprikastücke, Zwiebeln und 3 Eßlöffel Wasser dazugeben. Zudecken und höchstens 4 Minuten kochen (bei längerem Kochen wird der Paprika schlaff, und das ganze Gericht ist verdorben).

Jetzt das Schweinefleisch hineingeben, umrühren und weitere 2 Minuten kochen. Auf einem vorgewärmten Teller servieren.

GEDÄMPFTER FISCH MIT INGWER UND FRÜHLINGSZWIEBELN

Für dieses Rezept können Sie einen kleinen ganzen Fisch verwenden (z. B. einen Hering oder Barsch) oder Filets eines größeren Fisches (z. B. Kabeljau) – das hängt von der Größe des Dämpfkorbes ab (siehe Seite 86). Warten Sie mit dem Salz oder der Sojasoße bis nach dem Dämpfen, da das Fleisch sonst zäh wird. Sojasoße vor dem Dämpfen überlagert außerdem das Aroma des Fisches zu sehr. Wenn der Fisch zu streng riecht, können Sie vor dem Dämpfen ein paar zerquetschte schwarze Bohnen und Knoblauch darauf legen.

675 g Fisch
2 Frühlingszwiebeln
2½ cm frische Ingwerwurzel
ein wenig Öl
1 Eßlöffel (15 ml) helle Sojasoße

Den Fisch ausnehmen oder, wenn das bereits geschehen ist, innen und außen gut waschen und mit Küchenpapier trockentupfen.

Frühlingszwiebeln waschen, Wurzeln entfernen, den weißen Teil abschneiden und die grünen Teile in 3 cm lange Stücke schneiden.

Den Ingwer quer in 3 mm dicke Scheiben schneiden. Schälen ist nicht nötig. Die grünen Teile der Zwiebeln und 1 Ingwerscheibe beiseite legen.

Die weißen Zwiebelstücke nebeneinander auf eine ausreichend große ovale Platte legen, dazwischen die Ingwerstücke. Darauf den Fisch legen. Das Aroma der Zwiebel und des Ingwers dringt während des Dämpfens in den Fisch ein und verhindert, daß er an der Platte klebt. Nach Belieben Zwiebeln und Ingwer nach dem Dämpfen entfernen oder den Fisch auf eine vorgewärmte andere Platte legen.

Den Dämpfkorb vorbereiten (siehe Seite 86), dann den Fisch 8 – 10 Minuten dämpfen (je nach Dicke), aber nicht zu stark. Der Fisch ist sehr zart, wenn ein Stäbchen den dicksten Teil leicht durchdringt.

Die letzte Ingwerscheibe kleinhacken. Wenn der Fisch fast gar ist, einen Wok erhitzen und etwas Öl, die grünen Zwiebelteile und die Ingwerstückchen hineingeben. Kurz unter Rühren braten.

Dann den Fisch aus dem Dämpfkorb holen, 1 Eßlöffel helle Sojasoße mit dem Ingwer und den Zwiebeln im Wok verrühren und das Gemisch sofort über den Fisch gießen, um die Haut anzubraten und das Aroma zu verstärken.

RINDFLEISCH MIT TOMATEN UND EIERN

Tomaten enthalten viel Vitamin C. Dieses Rezept kann selbst Gegner dieser Früchte verführen. Mit den Eiern, dem Rindfleisch und dem herben Geschmack der Tomaten, gedämpft vom Zucker, hat das Gericht ein kräftiges und doch feines Aroma.

100 g Beefsteak

Für die Marinade:
1 Teelöffel helle Sojasoße
1 Prise Salz
1 Teelöffel Zucker
1 Teelöffel Maismehl, aufgelöst in
1 Eßlöffel (15 ml) kaltem Wasser
einige Tropfen Öl

450 g Tomaten
4 Eier
½ Teelöffel Salz
2 Eßlöffel (30 ml) Öl
100 ml Wasser
**bis zu 3 Eßlöffel Zucker (je nach
Süße der Tomaten)**

Das Steak fein hacken oder durch den Fleischwolf drehen. In eine Schüssel geben, Marinadezutaten hinzufügen und gut verrühren.

Die Tomaten waschen und in Viertel schneiden. Es ist gesünder, auch die Haut zu essen.

Die Eier mit ½ Teelöffel Salz schlagen, bis Eigelb und Eiweiß vermischt sind.

Den Wok erhitzen, 1 Eßlöffel Öl hineingießen und gut verteilen. Die Eier dazugeben, rasch unter Rühren braten, bis sie fest sind, dann auf einen Teller legen.

1 Eßlöffel Öl in den Wok gießen, dann die Tomaten mit 100 ml Wasser hineingeben und mit Zucker bestreuen. Unter Rühren kurz braten, dann bei mittlerer Hitze 5 Minuten (oder bis die Tomaten weich und breiig sind) stehenlassen.

Das Rindfleisch hinzufügen und 1 Minute (oder bis alles Fleisch die Farbe gewechselt hat) unter Rühren braten. Dann die Eier dazugeben, gut mischen und servieren.

VARIANTE
Wenn Ihnen das Aroma dieses Gerichtes zu kräftig ist oder wenn Sie kein Rindfleisch mögen, versuchen Sie es ohne Fleisch. In diesem Fall können Sie etwas stärker salzen.

SÜSSKARTOFFELSUPPE

Süßkartoffeln bekommen Sie in Supermärkten und in Geschäften mit Spezialitäten. Meist sind zwei Sorten erhältlich (siehe Seite 104). Für dieses Rezept brauchen Sie die Sorte mit dem orangefarbenen Fleisch. Dies ist eine süße Suppe mit einem außergewöhnlichen, interessanten Geschmack. Gaumenkitzel ist garantiert!

Außerdem brauchen Sie braunen Zucker in Scheiben (siehe Seite 92), den Sie in chinesischen oder asiatischen Geschäften bekommen. Der Ingwer gibt den Süßkartoffeln ein pikantes Aroma.

Sobald der Zucker sich aufgelöst hat, ist die Suppe fertig.

**450 g Süßkartoffeln
75 g frische Ingwerwurzel
100 – 150 g brauner Zucker in Scheiben
570 ml Wasser**

Die Süßkartoffeln schälen und in 2 ½ cm große Würfel oder in 6 mm dicke Scheiben schneiden.

Den Ingwer waschen und quer in 3 mm dicke Scheiben schneiden. Schälen ist unnötig.

570 ml Wasser in einer Pfanne zum Kochen bringen, die Ingwerscheiben hineingeben und 4 Minuten kochen lassen.

Den Ingwer entfernen und die Süßkartoffeln hineinschütten. 3 Minuten kochen lassen. Den Zucker dazugeben und weiterkochen, bis der Zucker geschmolzen ist und die Süßkartoffeln gar sind. In einer vorgewärmten Schüssel servieren.

SOMMERREZEPTE

Wenn Yin vollständig in Yang umgewandelt wurde, befinden wir uns in einer Jahreszeit der Fülle. »Im Sommer«, sagt der Arzt des Gelben Kaisers, »sollte der Puls des Magens wie ein Hammer schlagen. Dann ist er gesund und ausgewogen.« Er warnt: »Krankheiten, deren Ursache die Hitze des Sommers ist, rufen im Herbst Fieber hervor.«

Der Sommer ist die Zeit der Reife. Jetzt kommt die ganze Macht der Natur zur Geltung. Dies ist eine Zeit der Intensität.

Der kleine Kreis oben links neben dem großen Yin-Yang-Symbol sagt uns, was wir in dieser Jahreszeit brauchen. Im Frühling, der Übergangszeit zwischen Yin und Yang, brauchten wir eine Kost, deren Yin und Yang ausgeglichen war. Jetzt erreicht die Yang-Energie ihren Höhepunkt, und wir müssen Speisen zu uns nehmen, in denen Yin dominiert. In den Sommermonaten müssen wir uns vor Überhitzung schützen und das starke Yang durch unsere Ernährung ausgleichen. Darum ist die schwarze Fläche im kleinen Kreis größer als die weiße.

Der Körper wird im Sommer heiß, und wir schwitzen. Wir müssen unsere Flüssigkeits- und Salzreserven auffüllen und mehr Gemüse und Obst essen. Unser Essen salzen wir etwas stärker, und wir trinken mehr. Aber hier ist eine Warnung am Platze: Kalte Getränke schmecken zwar dem Gaumen, bringen aber die Temperaturregulierung des Körpers durcheinander. Sie kühlen nicht, sondern heizen auf. In der Sommerhitze wird die Verdauung schlaff. Wir sind von der berauschenden Energie der Jahreszeit umgeben und haben weniger Appetit. Wir trinken lieber, anstatt zu essen. Darum müssen wir den Appetit anregen. Am besten sind mehrere kleine Mahlzeiten am Tag. Süße und saure Speisen und die verführerischen Aromen würziger Gerichte sind jetzt ideal.

Die Rezepte in diesem Abschnitt erleichtern Ihnen den Übergang vom Frühling in die ganze Pracht des Sommers.

ALLE REZEPTE ERGEBEN 4 PORTIONEN

SOJAMILCH MIT TEIGSTANGEN

Frische Sojamilch ist in ganz China erhältlich. Sie wärmt und ist nahrhaft. Oft wird sie erhitzt und zum Frühstück als Suppe getrunken. Wenn Sie keine frische Sojamilch bekommen, können Sie welche aus einer Fertigmischung (»Tofu-Mix«) herstellen. Folgen Sie einfach der Gebrauchsanleitung, aber lassen Sie das Gerinnungsmittel weg, sonst wird aus der Milch Sojabohnenquark (Tofu).

Sie können auch wärmebehandelte Sojamilch verwenden, die aber ihren eigenen Geschmack hat. Am besten probieren Sie verschiedene Marken aus, um die richtige zu finden.

In China wird Sojamilch traditionell mit Teigstangen verzehrt. Das sind knusprige Stangen aus tiefgefrorenem Teig, die man vor dem Essen in die Suppe tunkt. Sie sind etwa 25 cm lang und sehen aus wie zwei zusammenklebende Knochen. Außen sind sie knusprig, innen kernig. Man kann sie in chinesischen Bäckereien kaufen.

Es ist schwierig, diese Teigstangen zu Hause zu bereiten. Man benötigt dafür ein spezielles Mehl und viel Bratöl, weil sie so lang sind. Sie können die Suppe aber auch mit einem heißen, knusprigen Hörnchen probieren.

Für 4 Personen brauchen Sie 1,5 Liter Wasser mit Sojapulver. Wärmen Sie es behutsam in einer Pfanne, und süßen Sie es nach Geschmack, bevor Sie es in warmen Schalen servieren.

CONGEE

Diesen schmackhaften Reisbrei können Sie zu jeder Tageszeit essen. Er wird oft mit gebratenen Nudeln serviert. Fisch, Schweinefleisch, Huhn oder gehackter Kopfsalat machen den Brei gehaltvoller. Er ist ideal für Babys und Kranke, wenn man Salz und Öl wegläßt.

2,8 Liter Wasser
175 g Langkornreis, Rundkornreis oder japanischer Reis
½ Teelöffel Salz
ein paar Tropfen Öl
100 g Schweinefleisch

Für die Marinade:
½ Teelöffel Maismehl, aufgelöst in
½ Eßlöffel kaltem Wasser
¼ Teelöffel Zucker
¼ Teelöffel helle Sojasoße

Das Wasser in einer großen Pfanne zum Kochen bringen. Den Reis schnell waschen und in die Pfanne schütten. Salz und Öl dazugeben. Das Wasser erneut zum Kochen bringen und umrühren, damit die Reiskörner sich voneinander lösen. Die Pfanne zudecken und das Ganze 1 Stunde kochen. Vergewissern Sie sich gelegentlich, daß der Reis nicht am Boden klebt.

Das Fleisch in dünne Scheiben schneiden, die Marinadezutaten hinzufügen und gut umrühren. Wenn der Reis gekocht ist, das Fleisch hineingeben, das Ganze wieder zum Kochen bringen und 5 Minuten köcheln lassen. Wenn Sie statt Schweinefleisch Huhn oder Fisch verwenden, genügen 2 Minuten.

Die Garzeit wird verkürzt, wenn Sie den Reis mit dem Salz und dem Öl eine halbe Stunde in wenig Wasser einweichen und dann 30 – 45 Minuten kochen.

NUDELN MIT BOHNENSPROSSEN

Wenn Sie knackige Bohnensprossen mögen, kaufen Sie am besten keine Dose, sondern frische Ware, oder Sie lassen Mungbohnen keimen (siehe Seite 99).

1 mittelgroße Zwiebel
225 g Bohnensprossen
3 Frühlingszwiebeln
450 g Nudeln
2 Eßlöffel (30 ml) Öl
ein wenig gemahlener weißer Pfeffer
eine Prise Salz
1 Teelöffel Zucker
2 Eßlöffel (30 ml) helle Sojasoße
2 Eßlöffel (30 ml) Austernsoße

SCHNELLES CONGEE

Sie sparen Zeit, wenn Sie das Congee aus Reisresten machen, und noch mehr, wenn Sie den Reis mit der Küchenmaschine zu einer Paste verarbeiten und ein wenig Wasser dazugießen.
Kochen Sie 425 ml Wasser, geben Sie den Reis hinein, und kochen Sie ihn 5 Minuten. Würzen Sie nach Geschmack, und lassen Sie das Ganze 5 Minuten köcheln.

Die Wurzel der Zwiebel durchschneiden und die Haut entfernen. Dann die Zwiebel in zwei Hälften und diese in dünne Scheiben schneiden.

Die Bohnensprossen waschen und alle braunen Sprossen wegwerfen.

Die Frühlingszwiebeln waschen, die Wurzeln abschneiden und die Zwiebeln in 4 cm lange Stücke schneiden.

Reichlich Wasser in einer großen Pfanne zum Kochen bringen, die Nudeln hineingeben und umrühren. Dann die Hitze abstellen, die Pfanne zudecken und ein paar Minuten stehenlassen. Um zu prüfen, ob die Nudeln gar sind, eine herausnehmen. Sie sollte weich und biegsam sein und innen die gleiche Farbe haben wie außen. Die Nudeln in ein Sieb umschütten und in kaltes Wasser tauchen oder mit fließendem kalten Wasser spülen und abtropfen lassen. Danach kochen sie nicht mehr und kleben auch nicht aneinander. Die Nudeln nach Belieben in 15 cm lange Stücke schneiden.

Den Wok erhitzen, 2 Eßlöffel Öl hineingießen und gut verteilen. Die Zwiebelscheiben dazugeben und unter Rühren kurz braten. Dann die Nudeln hineingeben und ebenfalls unter Rühren kurz braten.

Nun Bohnensprossen und Frühlingszwiebeln hinzufügen und gut verrühren. Die Sprossen vor den Nudeln in die Pfanne geben, wenn sie weich werden sollen. Mit etwas weißem Pfeffer, einer Prise Salz und dem Zucker bestreuen und mit Sojasoße beträufeln. Zum Schluß Austernsoße zugeben und umrühren. Das Gericht auf einer heißen Platte servieren.

HÜHNERSUPPE MIT CHINESISCHEN PILZEN

Pilze senken den Blutdruck und fördern den Abbau von Fettpolstern. Sie sollten dieses Gericht aber nicht öfter als einmal in der Woche essen. Das Huhn können Sie durch Tofu und/oder Erbsen oder Möhren ersetzen.

**8 mittelgroße, getrocknete chinesische Pilze
600 ml Wasser
1 Hühnerbrust ohne Haut und Knochen**

**Für die Marinade:
½ Teelöffel Zucker
1 Teelöffel helle Sojasoße
1 Teelöffel Maismehl, aufgelöst in
1 Eßlöffel (15 ml) kaltem Wasser**

**ein wenig Salz
1 Frühlingszwiebel**

Die Pilze waschen und in eine Schale mit 300 ml Wasser legen. Über Nacht einweichen, wenn sie am Morgen gegessen werden; am Morgen einweichen, wenn sie abends gegessen werden.

Das Huhn in 1 cm große Würfel schneiden und mit der Marinade in eine Schüssel geben. Gut umrühren.

Die Pilze aus dem Wasser nehmen und das Wasser für die Suppe aufbewahren. Holzige Stiele entfernen und die Pilze in dünne Scheiben schneiden.

Die Frühlingszwiebel waschen und die Wurzel abschneiden. Weiße und grüne Teile fein hacken.

Das restliche Wasser (300 ml) in eine Pfanne gießen und zum Kochen bringen. Das Pilzwasser dazugießen, aber ohne Bodensatz. Wieder zum Kochen bringen.

Nun die Pilzscheiben und das marinierte Huhn hineingeben und 2 Minuten köcheln lassen. Wenn das Huhn länger kocht, wird es zäh.

Die Pfanne vom Herd nehmen und das Gericht mit etwas Salz und der gehackten Frühlingszwiebel bestreuen. Auf einem vorgewärmten Teller servieren.

Oben links: Congee. Oben rechts: Rindfleisch mit Ingwer und Ananas. Unten rechts: Hühnersuppe mit chinesischen Pilzen. Unten links: Huhn mit Pilzen. Mitte: Getrockneter Tofu mit Eiern.

RINDFLEISCH MIT INGWER UND ANANAS

Dieses frische, aromatische Gericht ist genau das Richtige, wenn Sie im Sommer erhitzt sind und großen Durst haben. Der Magen ist mit Flüssigkeit gefüllt, und Sie haben keinen Appetit.

Kaufen Sie eingelegten Ingwer in einem chinesischen Supermarkt. Achten Sie darauf, daß er jung ist: Die Scheiben sollten sehr dünn, cremefarben und rosa gesprenkelt sein. Alter Ingwer ist faserig.

450 g Beefsteak

Für die Marinade:
2 Teelöffel (10 mg) helle Sojasoße
1 Teelöffel Zucker
1 Teelöffel Maismehl, aufgelöst in
1 Eßlöffel (15 ml) Wasser
1 Teelöffel Öl

225 g Ananasringe
75 – 100 g eingelegte Ingwerscheibchen
1 Frühlingszwiebel
1 Eßlöffel (15 ml) Öl

Es ist wichtig, das Rindfleisch quer zu den Fasern zu schneiden. Die langen Muskelfasern laufen alle in eine Richtung. Schneiden Sie im rechten Winkel zu ihnen, dann wird das Fleisch viel zarter.

Das Fleisch in dünne Scheiben schneiden, in eine Schüssel legen, Marinadezutaten hineingeben und umrühren.

Den Saft von den Ananasringen abgießen und jeden Ring in sechs Stücke schneiden.

Die benötigte Zahl von Ingwerscheiben herausnehmen und beiseite stellen.

Die Frühlingszwiebel waschen und die Wurzel abschneiden. In 2 ½ cm lange Stücke schneiden.

Den Wok erhitzen, das Öl hineingießen und gut verteilen. Das Fleisch dazugeben und 1 Minute unter Rühren braten.

Die Ananasstücke und die Ingwerscheiben hineingeben und 2 Minuten unter Rühren braten.

Die Frühlingszwiebel hinzufügen und rasch verrühren. Dann das Gericht auf einer vorgewärmten Platte servieren.

VARIANTE
*Dieses Gericht wird auch köstlich,
wenn Sie die Reste einer gerösteten
Ente verwenden.*

HUHN MIT PILZEN

Dieses Gericht ist ansprechend strohfarben, belebt vom frischen Grün und Weiß der Frühlingszwiebeln.

450 g Huhn ohne Haut und Knochen

Für die Marinade:
2 Eßlöffel (30 ml) helle Sojasoße
1 Teelöffel Zucker
1 Teelöffel Salz
1 Teelöffel Maismehl, gemischt mit
1 Eßlöffel (15 ml) Wasser
einige Tropfen Öl

1 kleine Zwiebel
450 g Champignons
2 Frühlingszwiebeln
2 Eßlöffel (30 ml) Öl
½ Teelöffel Zucker
1 Eßlöffel (15 ml) Austernsoße

Das Huhn in dünne Scheiben schneiden und in eine Schüssel legen. Die Marinadezutaten hinzufügen und beiseite stellen.

Die Wurzel der Zwiebel abschneiden, die Haut entfernen und die Zwiebel der Länge nach durchschneiden. Jede Hälfte quer in 3 Stücke schneiden, dann jedes Stück in 2 Hälften.

Die Pilze waschen.

Die Frühlingszwiebeln waschen und die Wurzel entfernen. Zwiebel in kurze Stücke schneiden.

Den Wok erhitzen, 2 Eßlöffel Öl hineingießen und gut verteilen. Das Huhn und die Marinade dazugeben und 2 Minuten unter Rühren braten.

Die Zwiebel- und Frühlingszwiebelstücke hinzufügen und 1 Minute unter Rühren braten.

Nun den Zucker und die Austernsoße hineingeben und umrühren.

Zum Schluß die Pilze zugeben und 30 Sekunden unter Rühren braten. Auf einem Teller servieren.

VARIANTEN
Anstelle des Huhns können Sie Garnelen oder Rindfleisch nehmen. Schweinefleisch müssen Sie etwa 4 Minuten unter Rühren braten.

PFANNENGERÜHRTER SPINAT

Der fermentierte Tofu oder »chinesische Käse«
in diesem Rezept sorgt für ein bemerkenswertes Aroma. Sie können chinesischen Spinat
oder eine andere Sorte nehmen (siehe Seite
103), am besten große Blätter, weil sie aromatischer sind. Wenn Sie Angst vor den Chillies
haben, verwenden Sie beim erstenmal nur eine
halbe Schote.

2 Teelöffel (10 ml) Salz
900 g Spinat
2 kleine, frische rote Chillies
2½ cm frische Ingwerwurzel
8 Knoblauchzehen
3 Eßlöffel (45 ml) Öl
3 Würfel fermentierter Tofu
ein wenig Zucker nach Geschmack

2 Teelöffel Salz in eine große Schüssel mit
Wasser geben und den Spinat gründlich
waschen. Das Salz hilft, Erde und Keime zu
entfernen. Danach das Wasser abschütteln.
Wenn die Blätter groß sind und lange Stiele
haben, die Stiele abschneiden und wegwerfen.

Chillies waschen und quer in dünne Scheiben
schneiden. Die Stiele wegwerfen. Messer, Brett
und Hände waschen! Das Öl der Chillies kann
Haut und Augen reizen.

Die Ingwerwurzel waschen und quer zu den
Fasern in dünne Scheiben schneiden. Nicht
schälen.

Mit der breiten Seite eines schweren Messers
oder Hackbeils auf jede Knoblauchzehe klopfen. Die Haut läßt sich jetzt leicht entfernen.

Den Wok erhitzen, 3 Eßlöffel Öl hineingeben
und gut verteilen.

Die Ingwerscheiben dazugeben und bei großer
Hitze unter Rühren braten, bis sie stark duften.
Dann den Knoblauch hinzufügen und schnell
unter Rühren braten.

Nun die Tofuwürfel und die Chilischeiben dazugeben. Der Tofu wird breiförmig, wenn Sie ihn
mit den anderen Zutaten unter Rühren braten.

Jetzt den Spinat hineinschütten und kurz unter
Rühren braten, bis die Blätter mit Soße überzogen sind. Sie können auch ein wenig Zucker
dazugeben, wenn der Tofu zu salzig schmeckt.

Das Gericht auf einem vorgewärmten Teller
servieren.

GETROCKNETER TOFU MIT EIERN

Diese süße Suppe wird aus getrockneten Tofublättern gemacht. Die Blätter sind die Haut, die sich auf der flüssigen Sojabohnenmasse in großen, dampfenden Kesseln bildet und abgehoben und getrocknet wird. Die Haut ist sehr dünn und wird beim Kochen schnell weich. Kaufen Sie getrocknete Tofublätter, die papierdünn und vielleicht schon in Fragmente zerbrochen sind. Wenn sie dicker sind, lösen sie sich nicht auf. Aus den zusammengerollten dickeren Blättern kann man ein »vegetarisches Huhn« machen.

Süßen Sie die Suppe mit Kandis, damit sie etwas klebrig wird und ein volles Aroma hat.

1 Liter Wasser
50 g getrocknete Tofublätter
2 Eier
125 – 150 g Kandiszucker

Das Wasser in eine Pfanne gießen und zum Kochen bringen.

Die Tofublätter in der Packung in kleine Stücke brechen. 50 g ins kochende Wasser geben. Die Hitze reduzieren, so daß der Tofu 40 – 50 Minuten langsam siedet. Ab und zu umrühren.

Wenn der Tofu sich aufgelöst hat, das Wasser wieder zum Kochen bringen und den Kandiszucker hinzufügen. Sobald er sich aufgelöst hat, die Hitze ganz niedrig stellen.

Die Eier in einer Schüssel gut schlagen, dann in die Pfanne hineingeben und dabei umrühren. Sie bilden seidige Fäden, die im süßen Sirup treiben.

Die Suppe in einer vorgewärmten Schüssel servieren. Sie ist sehr nahrhaft und besonders für Schwangere zu empfehlen.

HERBSTREZEPTE

Wenn die Fülle des Yang sich in Yin verwandelt, befinden wir uns in einer Übergangszeit. Der Herbst führt die Natur aus dem Sommer in den Winter. »Im Herbst«, sagt der Arzt des Gelben Kaisers, »sollte der Puls des Magens klein und hart sein. Dann ist er gesund und ausgewogen.« Er warnt: »Die Feuchtigkeit des Herbstes ruft im Winter Husten hervor.«

Der Herbst ist die Zeit der Ernte. Die Intensität des Sommers ist vorbei. Wir bereiten uns auf den Winter vor. Vorher haben wir aber noch einiges zu erledigen.

Der kleine Kreis oben rechts neben dem Yin-Yang-Symbol sagt uns, was wir in dieser Übergangsphase brauchen. Um im Sommer ausgewogen zu bleiben, aßen wir eine Kost, in der die Yin-Energie überwog. Jetzt nähern wir uns dem Winter, in dem Yin dominiert. Um das Gleichgewicht zu bewahren, müssen wir also mit dem Essen mehr Yang-Energie aufnehmen. In den Herbstmonaten sollten wir uns sorgsam auf diese Umwandlung einstimmen. Darum ist der kleine Kreis, der unsere Ernährung symbolisiert, zu gleichen Teilen schwarz und weiß.

Die Körperfunktionen beginnen sich zu verlangsamen – der Sommer war anstrengend. Jetzt brauchen wir Energie, um auf die Kälte und durchdringende Nässe des Winters vorbereitet zu sein. Wir müssen nicht nur unser Äußeres schützen, sondern auch das Innere. Wenn wir nach dem Sommer krank oder schwach sind, müssen wir darauf achten, im Herbst neue Kraft zu schöpfen. Dafür braucht der Körper Zeit, und die drei Monate nach dem Sommer bieten Gelegenheit zur inneren Einkehr und Umstimmung.

Auch im Herbst ist es wichtig, viel zu trinken, um den Körper zu reinigen. Jetzt schätzen wir warmes Gemüse und die chinesische Spezialität Jown – kleine Reishappen in Bambusblättern. Wir kochen mit Gewürzen, aber wir süßen auch ein wenig, um mehr Energie und Harmonie zu haben.

Die Gerichte, die wir in diesem Abschnitt vorstellen, helfen dem Körper, den Sommer hinter sich zu lassen und sich auf den Winter einzustellen.

TOAST NACH »WESTLICHER ART«

Dieses sehr beliebte Gericht ist zum Frühstück
ebenso gehaltvoll und sättigend wie zum Nach-
mittagstee oder zum späten Abendessen. Nehmen Sie das Lieblingsbrot der Familie – weiß
oder schwarz –, aber keines mit harter Kruste,
weil es schwer zu kauen ist. Es nützt nichts,
die Kruste zu entfernen – die Scheiben lösen
sich dann auf.

4 Eier
4 dicke Scheiben Brot
2 Eßlöffel (30 ml) Erdnuß- oder Pflanzenöl
zum Braten
Butter und Honig zum Servieren

Den Wok erhitzen, 2 Eßlöffel Öl hineingießen
und gut verteilen. Auf mittlere Hitze reduzieren.
Jedes Ei in einer kleinen Schüssel prüfen, ob
es gut ist. Dann alle Eier in eine Schüssel
geben und schlagen, bis Eigelb und Eiweiß
vermischt sind.

Jede Brotscheibe in die Eier tunken, umdrehen,
damit sie sich vollsaugen kann, dann auf einen
Teller legen.

Eine Seite der Brotscheibe backen, bis sie
goldbraun ist, dann die andere Seite backen.
Die gebratene Scheibe mit einem Abtropflöffel
aus dem Wok holen und das Öl abtropfen lassen. Butter und Honig darauf streichen und
sofort servieren.

Ungesalzene Butter und reiner Honig
schmecken am besten. Sie können auch Honig
oder Kondensmilch nehmen und auf die Butter
verzichten. Oder bestreuen Sie die Scheibe mit
braunem Rohrzucker, damit sie knuspriger wird.

JOWN

Vielleicht haben Sie sich schon über die
zusammengebundenen dunkelgrünen Blatt-
pyramiden gewundert, die in chinesischen
Supermärkten in der Kühltruhe liegen. Das sind
Jown, kleine Happen aus Fleisch, Reis und
Mungbohnen, geschickt in Bambusblätter
gehüllt. Sie sind ein wunderbares Frühstück,
das stundenlang sättigt und wärmt.

In China gibt es eine uralte Geschichte über
Jown. Ein König mißachtete einst den Rat
eines Edelmannes und hörte auf schlechte
Menschen. Der ehrenwerte Berater war darüber so betrübt, daß er am 5. Mai die Lust am
Leben verlor und in den Fluß sprang. Jown
werden am 5. Mai (Drachenbootfest) gemacht
und ins Wasser geworfen, damit die Fische
satt werden und keinen Appetit mehr auf den
Leib des edlen Beraters haben. Auch die
Drachenboote ehren ihn – ihre vielen Ruder
verscheuchen die Fische.

Jown werden heute noch im Mai gegessen,
obwohl das Wetter warm ist. Um das Fest zu
feiern, versammeln sich die Frauen der Großfa-
milie und bereiten Jown in großen Mengen zu.

Die Zutaten sind in chinesischen Supermärkten
leicht erhältlich. Dieses Rezept erfordert eine
besondere Fingerfertigkeit. Allerdings schmecken
die Happen auch dann köstlich, wenn sie keine
exakte Pyramide bilden. Geschickte Köchinnen
verwenden nur ein einziges großes Bambus-
blatt; wir empfehlen zwei. Es lohnt sich, fertige
Jown zu kaufen und ihren Aufbau zu studieren,
bevor Sie es selbst versuchen.

Wenn die Jown gekocht sind, sollten sie im Wasser stehen und mit ihm abkühlen. Nehmen Sie vor dem Servieren die einzelnen Päckchen heraus, schneiden Sie den Faden durch, und lösen Sie behutsam die Bambusblätter. In den Blättern halten die fertigen Jown mehrere Tage, wobei das Aroma sich noch verstärkt. Um sie aufzuwärmen, genügt es, sie 20 – 30 Minuten köcheln zu lassen.

Für 10 Jown brauchen Sie:
20 Bambusblätter
1,8 kg Klebreis
150 g halbierte Mungbohnen
300 g Schweinebauch, etwa 2 Scheiben
10 getrocknete chinesische Pilze
10 getrocknete Eßkastanien
Faden zum Zubinden der Päckchen

Marinade für das Schweinefleisch:
2 Eßlöffel (30 ml) dunkle Sojasoße
1 Teelöffel Maismehl, gemischt mit
1 Eßlöffel (15 ml) Wasser
1 Teelöffel Fünf-Gewürze-Pulver
½ Teelöffel brauner Rohrzucker
1 Teelöffel Salz

Die Pilze und Kastanien 1½ Stunden in Wasser einweichen. Den Reis und die Mungbohnen waschen und in zwei Schalen eine halbe Stunde einweichen.

Rund 20 Minuten vor der Zubereitung der Jown das Schweinefleisch in etwa 2½ x 5 cm große Stücke schneiden. Das Fleisch in eine Schüssel mit den Marinadezutaten schütten und gut umrühren, bis alle Stücke von Marinade überzogen sind.

Die Bambusblätter müssen geschmeidig sein. Etwas Wasser in einem Wok oder in einer großen Pfanne zum Kochen bringen, die Bambusblätter hineingeben, die Hitze abstellen und 5 Minuten warten. Dann Reis, Mungbohnen, Kastanien, Pilze und Blätter abgießen.

Zwei Bambusblätter der Länge nach so nebeneinanderlegen, daß sie sich um etwa 10 cm überlappen. Die langen Enden der Blätter umbiegen, so daß ein tiefe Mulde entsteht.

Die gebogenen Blätter in eine Hand nehmen und darauf zuerst Klebreis, dann Mungbohnen in dünnen, runden Schichten verteilen. Danach ein Stück Fleisch, einen Pilz und eine Kastanie in die Mitte der Mungbohnen legen. Noch eine Schicht Bohnen und eine Schicht Reis auftragen. Die Reisschicht oben ist wichtig, weil sie den Fleischsaft festhält und das Aroma der Bambusblätter aufnimmt.

Nun die langen Enden der Blätter vorsichtig übereinanderfalten und eindrücken. Dann das Päckchen mit dem Faden zusammenbinden (wenn Sie darin unerfahren sind, halten Sie die Päckchen und lassen sie von einem Helfer binden).

Reichlich Wasser in eine große Pfanne gießen und zum Kochen bringen. Vier Jown hineinlegen und 4 Stunden köcheln lassen. Ab und zu prüfen, ob Sie Wasser nachgießen müssen.

VARIANTE
Sie können die Päckchen auch mit getrockneter chinesischer Wurst, Schweinebauch und Hühnerflügeln füllen – eine delikate Mischung!

FISCHSUPPE MIT KORIANDER

Für diese delikate Suppe eignet sich ein Fisch mit festem Fleisch am besten, zum Beispiel Kabeljau, Heilbutt, Schellfisch oder Barsch. Süßwasserfisch, etwa Karpfen, ist ebenfalls beliebt. Für das Rezept wird der Fisch zunächst mariniert, um das Aroma der Brühe zu verstärken und das Fleisch des Fisches zarter zu machen. Die nahrhafte, gesunde Suppe ist sehr schnell fertig. Der Fisch darf nicht zu lange kochen, weil er sonst zäh wird.

225 g Fischfilet ohne Haut

Für die Marinade:
¼ Teelöffel Salz
¼ Teelöffel Zucker
ein paar Tropfen Sojasoße
1 Teelöffel Maismehl, aufgelöst in
1 Eßlöffel (15 ml) Wasser

einige Stiele frisches Koriandergrün
1¼ Liter Wasser

Den Fisch in dünne Scheiben schneiden. Das ist leichter, wenn er eine halbe Stunde in der Gefriertruhe gelegen hat. Wenn Sie gefrorenen Fisch verwenden, schneiden Sie ihn am besten, während er noch ein bißchen gefroren ist. Die Scheiben sollten höchstens 5 cm^2 groß sein.

In einer flachen Schale die Zutaten für die Marinade mischen, den Fisch dazugeben und sanft umrühren, bis alle Scheiben überzogen sind. Das Gericht zudecken und eine halbe Stunde in den Kühlschrank stellen.

Den Koriander waschen und die Stiele um die Hälfte kürzen, wenn sie sehr lang sind.

Das Wasser in eine Pfanne gießen und zum Kochen bringen. Den marinierten Fisch dazugeben und erneut zum Kochen bringen. Nun den Koriander hineingeben, die Hitze reduzieren und 2 – 3 Minuten köcheln lassen, bis der Fisch undurchsichtig wird und gar ist.

Die Suppe in einer vorgewärmten Schüssel servieren.

Oben links: Aubergine mit Schwarze-Bohnen-Soße. Oben rechts: Schweinefleisch mit Kartoffeln. Unten rechts: Fischsuppe mit Koriander. Untern links: Schinken und Tofu mit Pilzsoße. Mitte: Erdnußdessert.

SCHWEINEFLEISCH MIT KARTOFFELN

Dies ist ein sättigendes und wohltuendes Gericht.

225 g Schweinebauch (oder Schweineschulter, wenn Sie mageres Fleisch vorziehen)

Für die Marinade:
1 Eßlöffel (15 ml) dunkle Sojasoße
1 Teelöffel Salz
1 Teelöffel Zucker
1 Teelöffel Maismehl, aufgelöst in
1 Eßlöffel (15 ml) kaltem Wasser

450 g Kartoffeln
2 mittelgroße Zwiebeln
2 Eßlöffel (30 ml) Öl
150 ml Wasser
1 Teelöffel helle Sojasoße
1 Teelöffel Zucker
2 Frühlingszwiebeln

VARIANTE

Sie können das Fleisch zuerst kurz kochen, um das Aroma zu betonen. Dann ist Rindfleisch besser geeignet als das fade Huhn.

225 g Rindfleisch, mariniert

Den Wok erhitzen und 1 Eßlöffel (15 ml) Öl hineingeben. Das Fleisch 2 Minuten unter Rühren braten, herausnehmen und abtropfen lassen. Den Wok säubern, erneut erhitzen und 2 Eßlöffel (30 ml) Öl hineingießen. Bei großer Hitze die Kartoffeln unter Rühren braten, bis sie ganz golden sind. 1 Tasse Wasser, 1 Teelöffel helle Sojasoße und 1 Teelöffel Zucker dazugeben und kochen, bis die Kartoffeln zart sind (nach etwa 20 Minuten). Die Zwiebel und das Fleisch dazugeben, umrühren, zudecken und 5 Minuten kochen.

Das Schweinefleisch in 1 cm große Würfel schneiden, diese in eine Schüssel geben, die Marinade hinzufügen und gut umrühren.

Die Kartoffeln schälen, in 2 cm große Stücke schneiden, in einem Sieb mit kochendem Wasser übergießen, damit sie sich nicht verfärben.

Die Zwiebeln durch die Wurzel halbieren, die Wurzeln abschneiden und die Zwiebeln schälen. Jede Hälfte der Länge nach in drei Teile schneiden und jeden Teil halbieren.

Den Wok erhitzen, 2 Eßlöffel Öl hineingießen und gut verteilen. Die Kartoffeln bei großer Hitze braten, bis sie ganz goldbraun sind. Dann herausnehmen und auf einen Teller legen.

Das Schweinefleisch unter Rühren kurz braten, dann 150 ml Wasser, 1 Teelöffel helle Sojasoße und 1 Teelöffel Zucker dazugeben. Die Hitze niedrig stellen, den Deckel auflegen und 12 Minuten kochen.

Nun die Kartoffeln in den Wok geben und unter Rühren weitere 8 Minuten kochen. Anschließen die Zwiebeln hinzufügen, den Deckel auflegen und 5 Minuten kochen.

Zum Schluß die grünen Teile der Frühlingszwiebeln waschen und in 2 1/2 cm lange Stücke schneiden. In den Wok geben und kurz umrühren. Nun das Gericht auf einer vorgewärmten Platte servieren.

Der Geschmack hängt auch davon ab, ob die Kartoffeln festkochend oder mehlig sind. Im letzteren Fall ähnelt das Gericht einer Suppe.

AUBERGINE MIT SCHWARZE-BOHNEN-SOSSE

Für dieses Rezept nehmen Sie am besten chinesische Auberginen; sie sind kleiner und süßer als die plumpen, purpurfarbenen und zudem ziemlich lang und viel dünner (siehe Seite 105). Ihre Farbe variiert von Purpur bis Weiß. Da sie weniger Samen haben und süßer sind, braucht man sie nicht zu salzen und abzutupfen, sobald sie Wasser gezogen haben – im Gegensatz zu den purpurroten Verwandten, deren Fleisch oft bitter schmeckt.

Dieses Gericht ist besonders aromatisch und delikat.

½ Eßlöffel (10 ml) fermentierte schwarze Bohnen (etwa 25 – 30 Stück)
4 Knoblauchzehen
1 mittelgroße Zwiebel
1 Frühlingszwiebel
5 Eßlöffel (75 ml) Öl
225 – 300 g Auberginen
2 Eßlöffel (30 ml) Wasser
1 Teelöffel Salz
1 Teelöffel Zucker
1 Teelöffel helle Sojasoße

Die Bohnen spülen und trocknen. Mit der flachen Seite eines schweren Messers oder Hackbeils auf jede Knoblauchzehe klopfen und die Haut ablösen. Die Bohnen mit dem Knoblauch in eine kleine Schüssel geben, mit dem Holzgriff des Messers oder Hackbeils mischen und beiseite stellen.

Die Zwiebel durch die Wurzel halbieren und schälen. Wurzel und Spitze abschneiden. Jede Hälfte quer in drei Teile und jeden Teil in sechs Stücke schneiden.

Die Frühlingszwiebel waschen, die Wurzel abschneiden und die Zwiebel grob hacken.

Den Wok erhitzen und 5 Eßlöffel Öl hineingießen. Die Auberginen durch schnelles Rollen in 5 cm große Stücke schneiden.

Bohnen und Knoblauch in den Wok geben und 10 Sekunden unter Rühren braten. Dann Zwiebel und Aubergine dazugeben. Kurz umrühren und 2 Eßlöffel Wasser hinzufügen. Gut umrühren und 3 Minuten kochen lassen.

Frühlingszwiebel, Salz, Zucker und helle Sojasoße dazugeben und behutsam einrühren. Das Gericht auf einem vorgewärmten Teller servieren.

SCHINKEN UND TOFU MIT PILZSOSSE

Dieses leichte und nahrhafte Gericht ist einfach und schnell zubereitet.

2 getrocknete chinesische Pilze
100 g dicker, ungekochter Vorderschinken
100 g Tofu (Block)
1 Frühlingszwiebel
3 Teelöffel (15 ml) Öl
1 Teelöffel Salz
1 Teelöffel Zucker
1 Teelöffel helle Sojasoße oder Austernsoße
1 Teelöffel Maismehl, gemischt mit
1 Eßlöffel (15 ml) Wasser
ein wenig Sesamöl

Die Pilze waschen und in einer Tasse mit kaltem Wasser mindestens eine Stunde oder über Nacht einweichen. Wenn sie weich sind, herausnehmen, die holzigen Stiele entfernen und wegwerfen. Die Köpfe in dünne Scheiben schneiden. Das Wasser abseihen und die Pilzscheiben wieder hineinlegen. Aus diesem Wasser wird später die Soße gemacht.

Den Schinken in 3 mm dicke, etwa 3 cm² große Scheiben schneiden. Den Tofu in 1 cm dicke Scheiben schneiden. Tofu und Schinken abwechselnd in zwei Reihen auf eine ovale Platte legen, so daß sie sich überlappen. Mit 1 Teelöffel Öl beträufeln.

Den Dämpfkorb vorbereiten und zum Kochen bringen. Die Platte mit dem Schinken und dem Tofu hineinstellen und 7 Minuten dämpfen (siehe Seite 86).

Die Frühlingszwiebel waschen, die Wurzel abschneiden und die Zwiebel fein hacken.

Den Wok erhitzen und 2 Teelöffel Öl hineingießen. Die geschnittenen Pilze mit dem Einweichwasser dazugeben und zum Kochen bringen. Je 1 Teelöffel Salz, Zucker und helle Sojasoße oder Austernsoße hinzufügen und erneut zum Kochen bringen. Die gehackte Frühlingszwiebel hineinstreuen.

Die Maismehlmixtur in den Wok gießen und umrühren, damit die Soße dicker wird.

Die Platte mit dem Schinken und dem Tofu herausholen und die Soße darübergießen. Die heiße Platte vorsichtig auf eine etwas größere stellen und servieren. Nach Belieben mit etwas Sesamöl beträufeln.

ERDNUSSDESSERT

Dieser süße Nußpudding ist schnell zubereitet und nahrhaft. Sie brauchen dafür Erdnußbutter (Erdnußcreme) und Kandiszucker. Nehmen Sie eine Erdnußbutter ohne künstliche Zusatzstoffe, glatt oder mit Stückchen.

Wenn Sie gegen Erdnüsse allergisch sind, können Sie den Pudding auch mit hellem Tahin (Sesamsamenpaste) machen – so schmeckt er köstlich. Probieren Sie auch gemahlene Mandeln (besonders delikat!) oder Cashewnüsse mit ihrem milden Geschmack. Gemahlene Walnüsse oder Haselnüsse haben ein stärkeres Aroma.

Den Kandiszucker für dieses Rezept bekommen Sie in chinesischen Supermärkten. Er gibt dem Pudding seinen authentischen Geschmack. Aber Sie können statt dessen auch braunen Rohrzucker nehmen. Die Menge hängt von Ihrem Geschmack ab.

1150 ml Wasser
100 g Kandiszucker
225 g Erdnußbutter, glatt oder mit Stückchen
ein wenig Maismehl in kaltem Wasser
zum Verdicken (wenn Sie einen dickeren
Pudding mögen)

Das Wasser in eine Pfanne gießen und zum Kochen bringen. Den Kandiszucker hineingeben und das Wasser sieden lassen, bis der Zucker vollständig geschmolzen ist.

Dann die Erdnußbutter dazugeben und das Gemisch zum Kochen bringen. Die Erdnußbutter sollte sich ganz auflösen.

Ein wenig Maismehl mit kaltem Wasser mischen und langsam in die Flüssigkeit rühren, damit der Pudding so dick wird, wie Sie ihn mögen.

VARIANTE 1

Ersetzen Sie die Erdnußbutter durch helles Tahin. Verdünnen Sie das Tahin, wenn nötig, indem Sie ein wenig von der süßen Flüssigkeit hineinrühren.

VARIANTE 2

Mit gemahlenen Mandeln, Cashewnüssen, Walnüssen oder Haselnüssen: Die süße Flüssigkeit auf die gemahlenen Nüsse gießen und gut mischen. Das Maismehl in die Pfanne schütten und bei kleiner Hitze gut umrühren, bis der Pudding dick ist.

WINTERREZEPTE

Wenn Yang sich vollständig in Yin verwandelt hat, befinden wir uns in einer Jahreszeit der Fülle – im Winter. »Im Winter«, sagt der Arzt des Gelben Kaisers, »sollte der Puls des Magens klein wie ein Kiesel sein. Dann ist er gesund und ausgewogen.« Er warnt: »Die Krankheiten des Winters kommen im Frühling wieder.«

Der Winter ist die Zeit der Erneuerung. Wir schützen uns vor dem rauhen Wetter, dem kalten Wind, dem harten Frost und dem Nebel, der durch die Ritzen dringt. In dieser Zeit geht es ums Überleben.

Der kleine Kreis unten rechts neben dem Yin-Yang-Symbol sagt uns, was wir im Winter brauchen. Der Herbst war eine Übergangsphase, die uns den Wechsel vom Sommer zum Winter erleichterte. Im Winter ist die Yin-Energie am stärksten. Darum essen wir Speisen, in denen Yang dominiert, wie der kleine Kreis zeigt.

Im Winter wird der Körper dichter. Das Blut fließt langsamer durch die Arterien und Venen. Wir brauchen mehr Energie, um uns warm zu halten und vor der Kälte zu schützen. Deshalb

müssen wir unsere Reserven auffüllen. Wir haben Appetit auf fettreichere Yang-Nahrungsmittel, auf Gebratenes und auf stark gewürzte und süße Speisen.

Der Winter ist auch die Jahreszeit der warmen Getränke. Wir spüren den Energieschub, den sie dem Kreislauf fast schon mit dem ersten Schluck geben. Unser Instinkt wehrt sich gegen kalte Getränke – sie verlangsamen die Verdauung und machen das Blut träge. Warme Speisen und Getränke fördern den Kreislauf und lindern die Belastung des Herzens. Mitten im Winter fühlen wir uns warm und entspannt.

Die Gerichte, die wir in diesem Abschnitt vorstellen, wirken entspannend und geben dem Körper die Energie und den Schutz, den er im Winter braucht.

ALLE REZEPTE ERGEBEN 4 PORTIONEN

Salziger Haferbrei 148

Reisnudeln à la Singapur 149

Scharf-saure Suppe 150

Frieden und Wohlbefinden für jung und alt 151

Geschmorter Tofu mit Lamm 152

Pak Choi mit Knoblauch 154

Eierdessert mit Ingwer 155

SALZIGER HAFERBREI

Haferbrei ist ein herrlich wärmendes Gericht für richtig kalte Wintertage. Es ist einfach und schnell zubereitet und paßt hervorragend zum Frühstück. Dieser Brei gibt uns den ganzen Morgen Energie und ist mit etwas Schweinefleisch oder Huhn eine vollständige Mahlzeit.

Am besten nehmen Sie für dieses Rezept Haferflocken, die schnell gar sind. Sie können aber auch eine gröbere Sorte verwenden und über Nacht in Wasser einweichen. Falls Sie eine Fertigmischung für Porridge benutzen, beachten Sie bitte die Gebrauchsanleitung, wenn Sie ihn kochen.

50 g mageres Huhn oder Schweinefleisch
1150 ml Wasser
1 Teelöffel Salz
100 g Haferflocken

Das Fleisch mit dem Hackbeil fein hacken.

Das gesalzene Wasser in einer großen Pfanne zum Kochen bringen. Das Fleisch hineingeben und ein paar Minuten kochen, bis es die Farbe wechselt.

Die Haferflocken ins Wasser streuen, gut umrühren und wieder zum Kochen bringen. Die Pfanne zudecken, vom Herd nehmen und den Brei 5 Minuten stehenlassen. Nicht mehr umrühren.

Probieren und nach Belieben noch einmal salzen und servieren.

REISNUDELN À LA SINGAPUR

Dieses bunte, schmackhafte Gericht ist schnell zubereitet, wenn Sie alle Zutaten beisammen haben. In chinesischen Spezialitätengeschäften können Sie vielleicht Char Siu (gegrilltes Schweinefleisch) kaufen, aber als Ersatz eignet sich auch gut gewürzter Schinken.

225 g Shrimps, frisch oder gefroren
225 g Reisnudeln
2 Eier
100 g Char Siu
1 mittelgroße Zwiebel
2 Frühlingszwiebeln
2 Eßlöffel (30 g) Öl
2 Teelöffel (10 ml) helle Sojasoße
1½ Teelöffel Salz
1 Eßlöffel (15 ml) Currysoße
Sesamsamen

Gefrorene Shrimps auf einem Teller verteilen und bei Zimmertemperatur 30 Minuten stehenlassen. Oder in ein Sieb geben und ein paar Minuten in eine Pfanne mit kaltem Wasser tauchen. Abtropfen lassen und auf einem Teller verteilen.

Reichlich Wasser in einer großen Pfanne zum Kochen bringen, die Reisnudeln hineinschütten und umrühren, um sie voneinander zu trennen.

Die Pfanne vom Herd nehmen und die Nudeln 3 Minuten im Wasser lassen. Eine Nudel probieren, um festzustellen, ob sie gar ist. Wenn ja, die Nudeln in ein Sieb geben, rasch mit kaltem Wasser spülen und zum Abtropfen beiseite stellen.

Die Zwiebel schälen und in dünne Scheiben schneiden. Die Frühlingszwiebeln waschen, die Wurzeln abschneiden und die Zwiebeln in 3 cm lange Stücke schneiden. Das Char Siu in lange, dünne Streifen schneiden. Die Eier schlagen.

Den Wok erhitzen, 1 Eßlöffel Öl hineingießen, die Eier dazugeben und bei niedriger Hitze ohne Umrühren kochen. Das Omelett mit einem Schaumlöffel aus dem Wok nehmen, abkühlen lassen und in dünne Scheiben schneiden.

Den Wok wieder erhitzen, 1 Eßlöffel Öl hineingießen und gut verteilen. Zwiebel, Frühlingszwiebeln und Nudeln in den Wok geben und 2 – 3 Minuten unter Rühren braten. 2 Teelöffel helle Sojasoße, 1½ Teelöffel Salz, 1 Eßlöffel Currysoße dazugeben und das Ganze unter Rühren kurz braten.

Zum Schluß das Char Siu, die Omelettscheiben und die Shrimps hinzufügen und kurz unter Rühren braten.

Das Gericht mit Sesamsamen bestreuen und auf einer vorgewärmten Platte servieren.

SCHARF-SAURE SUPPE

Sie können diese Suppe so scharf machen, wie Sie mögen – nehmen Sie einfach mehr Chili. Es ist unglaublich, wie sie verstopfte Bronchien und Nasen befreit! Die meisten Zutaten können Sie im Vorratsschrank oder im Kühlschrank aufbewahren.

Roten Reisessig, Holzohren (siehe Seite 93) und Bambussprossen in Dosen bekommen Sie in chinesischen Geschäften. Schwieriger ist es, Char Siu zu beschaffen, aber Schinken oder gegrilltes Schweinefleisch sind ein guter Ersatz.

Wenn alle Zutaten bereit sind, braucht die Suppe nur noch 4 Minuten zu kochen.

1 kleines Holzohr

25 g tiefgefrorene Erbsen

25 g tiefgefrorene Shrimps

50 g Bambussprossen aus der Dose

50 g Tofu

100 g Char Siu

2 kleine Eier

1 kleine, frische rote Chilischote

1 Eßlöffel (15 ml) dunkle Sojasoße

570 ml Wasser

1 Teelöffel Maismehl, gemischt mit

1 Eßlöffel (15 ml) Wasser

2 Eßlöffel (30 ml) roter Reisessig

gemahlener weißer Pfeffer nach Belieben

Ein kleines Holzohr in einer Schüssel mit kaltem Wasser 30 Minuten oder über Nacht einweichen. Das Wasser herausdrücken und den Pilz in kleine Stücke schneiden.

Erbsen und Shrimps auftauen. Bei Zeitknappheit in ein Sieb schütten, mit kaltem Wasser spülen und abtropfen lassen.

Das Wasser der Bambussprossen abgießen, die Sprossen waschen und in dünne Scheiben schneiden.

Ein 2½ cm² großes Stück vom Tofublock abschneiden und in dünne Scheiben schneiden. Den restlichen Tofu können Sie in einer Schale mit frischem Wasser 2 – 3 Tage im Kühlschrank aufbewahren.

Das Char Siu in dünne Scheiben schneiden.

Die Eier in einer Schüssel schlagen, bis Eigelb und Eiweiß vermischt sind.

Die Chilischote waschen, den Stiel entfernen und die Schote quer in dünne Scheiben schneiden. Brett, Messer und Hände waschen! Dann 570 ml Wasser in einer Pfanne zum Kochen bringen. Schweinefleisch, Shrimps, Bambussprossen, Tofu, Erbsen, Holzohr, Sojasoße und Chili dazugeben und bei mittlerer Hitze 2 Minuten kochen.

Die geschlagenen Eier langsam hineingleiten lassen und dabei ständig mit einem Stäbchen oder einer Gabel umrühren. Das Ei bildet dann flockige Fäden.

Das aufgelöste Maismehl hineingießen und umrühren, damit die Suppe etwas dicker wird.

Den Herd ausschalten und den Essig in die Pfanne gießen. Kurz umrühren. Mit Pfeffer nach Belieben abschmecken. Die Suppe in einer vorgewärmten Schüssel servieren.

FRIEDEN UND WOHLBEFINDEN FÜR JUNG UND ALT

Dieses delikate, saftige Gericht ist sehr schnell und einfach zubereitet, nahrhaft und leicht verdaulich. Sie brauchen dafür Koriandergrün, die klassische Zutat für Fisch und Meeresfrüchte. Der Koriander verliert durch das Kochen seinen stechenden Geruch. Prüfen Sie vorher, ob die Platte, die Sie benutzen wollen, in den Dämpfkorb paßt (siehe Seite 86).

450 g Kabeljaufilet ohne Haut
125 g Tofu
10 g frische Korianderblätter, gewaschen
1 Frühlingszwiebel
2 Teelöffel (10 ml) Öl
ein wenig helle Sojasoße
½ Teelöffel Salz
Pfeffer

VARIANTEN

Sie können aus diesem Gericht auch eine Frikadelle machen: Den Fisch nur mit dem Koriander und der gehackten Frühlingszwiebel dämpfen. Die Platte aus dem Dämpfkorb nehmen, den gedämpften Fisch mit dem Tofu, etwas Salz, Pfeffer und Öl mischen. Ein wenig geschlagenes Ei dazugeben, damit die Mixtur zusammenhält. Das Ganze auf einen kleinen, flachen Teller drücken und 5 Minuten dämpfen.

Vielleicht können Sie auch in einem chinesischen Supermarkt Fischpaste kaufen. Mischen Sie die Paste mit den anderen Zutaten, und dämpfen Sie sie 5 Minuten.

Den Fisch waschen und mit Küchenpapier trockentupfen.

Das Wasser vom Tofu abgießen und den Tofu horizontal halbieren, dann eine Hälfte in etwa 1 cm dicke und 7½ cm lange Scheiben schneiden. Die zweite Hälfte in eine Schüssel mit frischem Wasser legen, zudecken und in den Kühlschrank stellen (der Tofu ist 2 – 3 Tage haltbar).

Die Korianderblätter waschen und grob hacken.

Die Frühlingszwiebel waschen und die Wurzel abschneiden. Die grünen und weißen Teile in dünne Scheiben schneiden.

Die Tofuscheiben nebeneinander auf eine kleine Platte und darauf den Fisch legen. Den Fisch mit etwas Öl besprenkeln und mit dem Koriander und der gehackten Zwiebel bestreuen.

Den Dämpfkorb aufstellen (siehe Seite 86). Wenn das Wasser kocht, die Platte mit dem Fisch hineinstellen und 5 Minuten (oder bis der Fisch gar ist) kochen.

Den Dämpfkorb vom Herd nehmen und die Platte behutsam herausnehmen – sie ist sehr heiß! Dann die Platte auf eine etwas größere Platte stellen, den Fisch mit etwas Sojasoße, Salz und Pfeffer würzen und sofort servieren.

GESCHMORTER TOFU MIT LAMM

Traditionell verwendet man für dieses Gericht Lammbauch ohne Fett. Da dieses Fleisch schwer erhältlich ist, können Sie Schulter oder Bein als Ersatz nehmen – wenn Sie wollen, auch mit dem Knochen. Hacken Sie das Fleisch samt Knochen mit dem Hackbeil oder einem schweren, scharfen Messer in kleine Stücke.

Dieses eiweißreiche Gericht gibt im Winter dauerhafte Energie und tut dem Magen gut. Sie brauchen dafür getrocknete Tofustangen und fermentierten Tofu (siehe Seite 98).

100 g getrocknete Tofustangen
675 – 900 g Schulter, Bein oder Filet
vom Lamm
15 cm frische Ingwerwurzel
1,7 Liter Wasser
2 Eßlöffel (30 mg) Öl
3 Würfel fermentierter Tofu
1 Frühlingszwiebel, in kurze Stücke geschnitten
ein wenig helle Sojasoße

VARIANTE

Manchmal können Sie gebratene Tofustangen kaufen. Diese behalten ihre Form während der langen Zubereitung eher bei. Aber Sie können die Stangen auch selbst braten und, sobald sie angeschwollen sind, sofort herausnehmen und abtropfen lassen. Warten Sie, bis die Stangen abgekühlt sind, legen Sie sie in eine Pfanne mit kaltem Wasser, und drücken Sie kräftig. Das Öl fließt heraus und treibt auf der Oberfläche. Wiederholen Sie das, bis der größte Teil des Öls entfernt ist. Schneiden Sie die Stangen in kurze Stücke, und fahren Sie mit dem Rezept fort.

Die Tofustangen waschen und in einer Röstpfanne mit kaltem Wasser einweichen, bis sie (nach etwa 5 Minuten) weich sind. Dann herausholen und mit der Schere in 5 cm lange Stücke schneiden.

Das Lammfleisch in 2 1/2 cm große Würfel schneiden (oder den Metzger darum bitten).

Den Ingwer quer in 3 mm dicke Scheiben schneiden. Schälen ist nicht notwendig.

1150 ml Wasser in einer großen Pfanne zum Kochen bringen. Das Fleisch hineingeben und 2 Minuten kochen. Mit einem Metallsieb abseihen und mit kaltem Wasser spülen. Abtropfen lassen.

Den Wok erhitzen, 2 Eßlöffel Öl hineingießen und gut verteilen. Die Ingwerscheiben hinzufügen und 1 Minute unter Rühren braten. Dann die Tofuwürfel dazugeben und im Öl zerdrücken. Das Lammfleisch, die Tofustangen und etwa 550 ml Wasser hineingeben und bei großer Hitze zum Kochen bringen. Dann die Hitze reduzieren, so daß das Gericht langsam köchelt. Zudecken und 1 1/2 Stunden (oder bis das Fleisch zart ist) kochen lassen. Ab und zu prüfen, ob Sie ein wenig Wasser nachgießen müssen.

Zum Schluß die Frühlingszwiebel dazugeben und umrühren. Mit etwas heller Sojasoße beträufeln und auf einer vorgewärmten Platte sofort servieren.

*Im Uhrzeigersinn von oben links:
Pak Choi mit Knoblauch, Eierdessert mit Ingwer,
Reisnudeln à la Singapur, Scharf-saure Suppe,
Geschmorter Tofu mit Lamm.*

PAK CHOI MIT KNOBLAUCH

Pak Choi (siehe Seite 103) hat knackige, saftige, weiße Stiele und aromatische, dunkelgrüne Blätter. Wenn Sie keinen Pak Choi finden, können Sie Mangold nehmen, dessen Stiele allerdings dünner und faseriger und nicht so herrlich knusprig sind. Sehr kleine Pak-Choi-Blätter können Sie ganz braten. Es ist aber viel schwerer, sie mit Stäbchen zu essen!

2½ cm frische Ingwerwurzel
6 – 8 Knoblauchzehen nach Belieben
450 g Pak Choi
2 Eßlöffel (30 ml) Öl
½ Teelöffel Salz
1 Teelöffel Zucker

Die Ingwerwurzel waschen und quer in 4 – 5 Scheiben schneiden. Schälen ist nicht nötig.

Mit der flachen Seite eines schweren Messers oder Hackbeils auf jede Knoblauchzehe klopfen und die Haut entfernen.

Die Wurzel des Pak Choi entfernen, die Blattstiele abschneiden, sorgfältig waschen und das Wasser abschütteln. Wenn die Blätter groß und langstielig sind, die Stiele abschneiden und in 5 cm lange Stücke schneiden.

Den Wok erhitzen, 2 Eßlöffel Öl hineingießen und gut verteilen.

Auf mittlere Hitze reduzieren, den Ingwer hineingeben und unter Rühren braten, bis er aromatisch duftet.

Nun die Knoblauchzehen dazugeben und 1 Minute unter Rühren braten.

Die weißen Stiele des Pak Choi hinzufügen und 1 Minute unter Rühren braten. Den Wok zudecken und 1 Minute stehenlassen.

Dann Blätter, Salz und Zucker dazugeben und 1 Minute unter Rühren braten (oder bis die Blätter schlaff sind).

Rasch umrühren und auf einer vorgeheizten Platte servieren.

EIERDESSERT MIT INGWER

Dies ist eine sehr leichte, erfrischende Nach-speise, eher gedämpft als gebacken. Die Grundlage ist Ingwersirup, der aus Ingwerwur-zeln hergestellt und mit Kandis gesüßt wird. Sie bekommen ihn in chinesischen Supermärk-ten. Anstelle des Kandiszuckers können Sie auch braunen Rohrzucker verwenden – der Geschmack ist dann aber ganz anders. Wenn Ihnen das Dessert mundet – es macht Spaß, mit verschiedenen Zuckersorten zu experimen-tieren –, teilen Sie bestimmt unsere Meinung, daß es mit Kandiszucker am besten schmeckt.

450 ml Wasser
100 g frische Ingwerwurzel
100 g Kandiszucker
4 Eier, Größe 3
125 ml Milch
ein paar Tropfen Pflanzenöl

Den Ingwer waschen und quer in 3 mm dicke Scheiben schneiden. Schälen ist nicht nötig.

Wenn der Kandiszucker sehr grob ist, mit einem sauberen Tuch zudecken und mit einem Nudelholz zerdrücken. Er löst sich dann schneller auf.

Das Wasser in eine Pfanne gießen und zum Kochen bringen. Die Ingwerscheiben hinein-geben und 2 Minuten kochen. Mit einem Schaumlöffel die Ingwerscheiben herausholen und wegwerfen.

Den Kandiszucker ins kochende Wasser geben und die Pfanne vom Herd nehmen, sobald er geschmolzen ist.

Den Dämpfkorb aufstellen (siehe Seite 86), Wasser hineingießen und zum Kochen bringen.

Die Eier einzeln aufschlagen und prüfen, ob sie gut sind. Dann in eine Schüssel geben und schlagen.

Die Milch zum Ingwersirup in die Pfanne gießen und unter ständigem Rühren die Eier langsam hineingleiten lassen. Dann einige Tropfen Pflan-zenöl hineinträufeln. Dabei weiter umrühren.

Die Mixtur vorsichtig in 4 kleine Schalen gießen und oben in den Dämpfkorb stellen. 4 Minuten dämpfen. Vorsicht beim Herausnehmen der Schalen – sie sind sehr heiß! Sie können die-ses Dessert heiß oder kalt servieren.

DANKSAGUNGEN DER AUTOREN

Wir werden oft gefragt, ob sich Feng Shui auf westliche Verhältnisse übertragen läßt. Selbst in China hatte es diese alte Kunst nicht immer leicht. Heute leben viele Meister im Ausland.

Feng Shui ist aus einer vielschichtigen Kultur hervorgegangen. Man kann es nicht von dieser Kultur trennen, weil es mit Künsten wie Astrologie, Numerologie und traditioneller chinesischer Medizin verbunden ist. Die Auffassung von Energie – die Grundlage des Feng Shui – ist die tiefe, unsichtbare Wurzel all dieser Künste. Wer diese Wurzel nicht anerkennt, kann kein authentisches Feng Shui praktizieren.

Ein weiteres Problem ist die Ausbildung. Die vier Meister, deren Weisheit dieses Buch beeinflußte, haben Feng Shui zu ihrem Lebenswerk gemacht. Die Ausbildung dauert in der Regel 30 Jahre. Man lernt durch enge Zusammenarbeit mit dem Meister, ähnlich wie ein Lehrling. Es reicht einfach nicht, an einem Wochenendseminar teilzunehmen, ein paar Bücher zu lesen oder auch einige Jahre zu studieren. Viele Menschen im Westen begreifen das nicht, vielleicht weil sie glauben, das Ziel des Studiums sei nicht Weisheit, sondern eine Datensammlung.

Wegen dieser Bedenken haben wir mit Hilfe des Verlags Gaia Books versucht, die Grundprinzipien des Feng Shui in drei Büchern darzulegen: *Das Feng Shui Handbuch, Das persönliche Feng Shui* und *Master Lam's Feng Shui Küche*. Es ist unser Ziel, auf ganz einfache Weise zu zeigen, daß die tiefe Weisheit des Feng Shui auch in der modernen Gesellschaft anwendbar ist. Dafür, daß sie uns diese Möglichkeit geboten haben, danken wir Joss Pearson, dem Verlagsleiter, Pip Morgan, dem Cheflektor, und Patrick Nugent, dem Art Director.

Ein großer Teil der gemeinsamen Arbeit, die in diese Bücher einfloß, spielte sich im Restaurant »The Immortals« (deutsch: »Die Unsterblichen«) in Londons Chinatown ab. Darum nennen wir uns »The Immortals Team«. Außer uns und unseren drei Söhnen Lam Tin Yun, Lam Tin Yu und Lam Tin Hun gibt es noch zwei Teammitglieder: Bridget Morley hat mit viel Geduld und Feingefühl das Design aller drei Bücher übernommen. Für *Master Lam's Feng Shui Küche* hat sie zudem mit uns alle Rezepte besprochen, formuliert und getestet, ebenso die Abschnitte über Auswahl und Zubereitung der Zutaten. Ihr Verständnis und ihr Geschick haben dieses Buch erst möglich gemacht. Zu unserem Team gehört auch Richard Reoch. Er unterstützte von ganzem Herzen unsere Bemühungen um eine interkulturelle Verständigung. Richard verbrachte zahllose Stunden damit, die Praxis und die Theorie unserer Tradition in eine universelle Sprache zu übertragen, die man in den vielen Ländern versteht, in denen diese Bücher erschienen sind.

Zum Schluß danken wir den vielen Lehrern in China, Hongkong und Taiwan, von denen wir gelernt haben. Wir haben uns nach besten Kräften bemüht, ihrem profunden Wissen in diesem Buch gerecht zu werden.

ÜBER DIE AUTOREN

Lam Kam Chuen und Lam Kai Sin wurden nach dem Zweiten Weltkrieg in Hongkong geboren. Sie trafen sich als junge Teenager, als sie die Kampfkünste studierten, und heirateten Anfang der siebziger Jahre. Gemeinsam befassen sie sich mit mehreren klassischen chinesischen Künsten, vom Tai Chi und Chi Kung bis zur traditionellen chinesischen Medizin und Feng Shui. Sie führen das Restaurant »The Immortals«, das vor kurzem an der Stelle eröffnet wurde, wo eines der ersten chinesischen Restaurants im West End, dem Londoner Theaterviertel, gestanden hat.

FENG-SHUI-BERATUNG

Wenn Sie sich von Master Lam persönlich beraten lassen wollen – geschäftlich oder privat –, erreichen Sie ihn unter: The Immortals, 58–60 Shaftesbury Avenue, London W1V 7DE, Großbritannien. Telefon: 0044 831 802 598. Telefax: 0044 207 734 9578. Er wird oft zu Konsultationen und Vorträgen nach Europa und Amerika eingeladen. Wenn Sie sich über Einzelheiten und Honorare informieren möchten, senden Sie ihm bitte einen adressierten Rückumschlag.

DANKSAGUNGEN DES VERLAGES

Der Verlag dankt den Autoren und ihrem Sohn Tin Yu für ihre unermüdliche Hilfsbereitschaft und Gastfreundschaft. Unser Dank gilt auch folgenden Personen, die mitgeholfen haben, dieses Buch herauszubringen: Sara Matthews, Christine Smith, Delora Jones und den Mitarbeitern des Restaurants »The Immortals«.

NACHWEIS DER FOTOS: HONG KONG TOURIST ASSOCIATION: S. 8, 67; IMAGE BANK: CTP S. 7, 110-111, 88 (unten), 115; B. Froomer S. 88 (oben); Guang Hui Xie S. 6, 12-13, 34-35, 147; Guido Rossi S. 137; Mahaux Photo S. 127; Yuan Hao Ma S. 6 (rechts), 72-73; Richard Reoch S. 157; TELEGRAPH COLOUR LIBRARY: Silvain Grandadan S. 67; Keith Macgregor S. 89; VCL S. 88 (Mitte). TONY STONE IMAGES: John Lamb S. 47 (links); Joel Larson S. 66; Yann Layma S. 2; Ed Pritchard S. 46-47. ELIZABETH WHITING: S. 47 (rechts).

ZEICHNUNGEN: Bilder auf S. 23 und 31 mit freundlicher Erlaubnis von Master Lam. Aquarelle von Bridget Morley.

REGISTER

Ganzheitlich leben

aktuelle Themen bei JOY